大学生职业生涯规划与就业创业教育

主编 程 欣 吕久燕

北京邮电大学出版社
www.buptpress.com

内容简介

本教材针对当前新的就业形势、政策及大学生所面临的就业创业问题，紧密结合高职学生的特点进行编写的，具有实用性、针对性强的特点，突出学生就业、创业能力和创新意识的培养。全书从职业生涯规划的制定、就业知识的指导与能力训练、职业适应与职业发展、创新创业的指导与能力训练四个部分，进行深入浅出、由点带面、循序渐进的阐述。全方位指导大学生真实、客观地认识自己、分析自己，树立正确的就业观念，从而轻松踏上择业、就业到创新创业的绿色通道。本书的编撰者都是从事就业指导工作多年，在深入总结就业工作经验的基础上，参考国内外就业指导的成熟做法，融入了就业指导的新理念，提出了就业指导的新方法，探讨了就业服务的新途径，力求对大学毕业生进行科学的理论指导。

本书既可作为本科院校和高职高专学校开设就业指导课程的教材，也可作为从事就业指导工作人员及其他择业人员的培训教材和自学参考书。

图书在版编目（CIP）数据

大学生职业生涯规划与就业创业教育 / 程欣，吕久燕主编. -- 北京：北京邮电大学出版社，2017.1 (2019.8 重印)

ISBN 978-7-5635-4128-7

Ⅰ.①大… Ⅱ.①程…②吕… Ⅲ.①大学生－职业选择 Ⅳ.①G647.38

中国版本图书馆 CIP 数据核字（2017）第 007240 号

书　　　名	大学生职业生涯规划与就业创业教育
著作责任者	程　欣　吕久燕　主编
责任编辑	满志文　李　静
出版发行	北京邮电大学出版社
社　　　址	北京市海淀区西土城路 10 号（邮编：100876）
发　行　部	电话：010-62282185　传真：010-62283578
E-mail	publish@bupt.edu.cn
经　　　销	各地新华书店
印　　　刷	北京玺诚印务有限公司
开　　　本	787 mm×1 092 mm　1/16
印　　　张	9
字　　　数	209 千字
版　　　次	2017 年 1 月第 1 版　2019 年 8 月第 4 次印刷

ISBN 978-7-5635-4128-7　　　　　　　　　　　　　　　定　价：26.00 元

· 如有印装质量问题，请与北京邮电大学出版社发行部联系 ·

前　言

2015年，全国高校毕业生有749万人，辽宁省高校毕业生有4万人，为历年最多。高校毕业生就业，事关大学生个人事业发展和价值实现，事关家庭的大事。

党的十八大报告和十八届三中全会明确提出，要努力实现就业更加充分，推动实现更高质量的就业，做好以高校毕业生为重点的青年就业工作。2015年在全国就业创业工作会上，李克强总理做出重要批示，批示指出：就业稳则心定、家宁、国安。会议要求：要突出高校毕业生这一重点，拓展高校毕业生就业空间，从人才培养各主要环节着力抓好此项工作。

就业创业指导工作是人才培养工作的重要组成部分，是提升高等职业教育质量、推动内涵式发展的重要内容，特别是以培养面向生产、建设、服务和管理第一线需要的高技能人才为目标的高职专科院校，其地位更加重要。《教育部关于全面提高高等教育质量的若干意见》（教高〔2012〕4号）提出，要牢固确立人才培养的中心地位，要加强创新创业教育和就业指导服务，完善职业发展和就业指导课程体系。《国务院办公厅关于做好2014年全国普通高等学校毕业生就业创业工作的通知》（国办发〔2014〕22号）明确要求，高校要加强就业指导课程和学科建设。

2012年，辽宁省教育厅印发了《高职高专院校职业发展与就业创业指导课程建设标准》（辽教发〔2012〕185号），对课程设置、课程内容、队伍建设、教研室建设等9个方面提出了要求，要求将职业发展与就业创业指导课程作为公共必修课列入人才培养方案，在毕业前开设就业创业指导课程。

2014年，大学生就业创业课程成为辽宁林业职业技术学院基础课改革的课程。本着为专业服务的宗旨，培养学生就业创业能力为目标，编者精选教材内容，完成了教材编写，供就业创业指导课程教学使用。

本书包含职业生涯规划设计、就业指导、职业发展、创业指导四部分内容，结构简明扼要，内容简单实用，同时辅以大量案例、知识拓展、测试等内容。希望本书能帮助大学生就业创业，树立正确的就业观念和创业观念，实现高质量的就业和创业。

本书各章执笔者分别为：前言：程欣；第一章：刘明耀、曹金凤；第二章：吕久燕、程芳；第三章：张思瑶、荣静；第四章：吕久燕；附录：曹金凤。

本书在编写过程中参考了大量国内外相关研究成果、网站资料，在此谨向原作者表示由衷的感谢！由于编写时间仓促，书中难免有疏漏之处，敬请读者批评指正。

编　者

目 录

第一章　制订职业生涯规划 ……………………………………………………… 1

　第一节　职业生涯规划基础 …………………………………………………… 1
　　一、职业生涯规划的概念 …………………………………………………… 1
　　二、职业生涯规划的特征 …………………………………………………… 1
　　三、制订职业生涯规划的意义 ……………………………………………… 2
　　四、影响职业生涯的因素 …………………………………………………… 2

　第二节　职业生涯目标的确立 ………………………………………………… 7
　　一、职业测评的概念 ………………………………………………………… 7
　　二、个性特征对职业选择的影响 …………………………………………… 9
　　三、职业定位 ………………………………………………………………… 12
　　四、确定职业生涯目标的方法及注意事项 ………………………………… 14

　第三节　职业生涯规划的制订 ………………………………………………… 22
　　一、制订职业生涯规划的原则 ……………………………………………… 22
　　二、制订职业生涯规划的步骤 ……………………………………………… 23

第二章　就业指导与能力训练 …………………………………………………… 30

　第一节　求职择业准备 ………………………………………………………… 30
　　一、观念准备 ………………………………………………………………… 30
　　二、心理准备 ………………………………………………………………… 31
　　三、知识和能力准备 ………………………………………………………… 32
　　四、就业信息准备 …………………………………………………………… 36
　　五、材料准备 ………………………………………………………………… 36
　　六、个人形象设计准备 ……………………………………………………… 41

　第二节　面试的技巧 …………………………………………………………… 45
　第三节　笔试的方式和技巧 …………………………………………………… 51
　　一、笔试的种类 ……………………………………………………………… 51
　　二、笔试的内容 ……………………………………………………………… 52

第三章 职业适应与职业发展 ·············· 54

第一节 角色转换与职业适应 ·············· 54
一、学生角色与职业角色的转换 ·············· 54
二、职业角色的适应 ·············· 59
三、职业环境的适应 ·············· 59

第二节 职业发展 ·············· 69
一、职业发展目标的确定 ·············· 69
二、职业成功的基本要素 ·············· 70
三、提升工作能力规划与工作 ·············· 71

第三节 职业流动与职业再选择 ·············· 80
一、职业流动 ·············· 80
二、职业再选择 ·············· 81
三、努力实践　奋斗成才 ·············· 84

第四章 创新创业指导与能力训练 ·············· 88

第一节 大学生创新创业教育概述 ·············· 88
一、创新创业教育的重要性 ·············· 88
二、创新创业教育的目的 ·············· 89
三、创新、创业的相互关系 ·············· 89

第二节 创新概述 ·············· 89
一、创新的含义 ·············· 89
二、创新的特征 ·············· 89
三、创新意识 ·············· 90
四、创新能力 ·············· 91
五、创新的方法 ·············· 93
六、创新思维及训练 ·············· 93
七、创新创业训练项目 ·············· 95

第三节 大学生创业准备 ·············· 96
一、大学生创业的优势 ·············· 96
二、大学生创业的弊端 ·············· 96
三、大学生创业具备的硬件 ·············· 97
四、创业者应具备的基本素质 ·············· 98
五、创业者应具备的知识和能力 ·············· 100

第四节 大学生创业的优惠政策 ·············· 108
一、放宽市场准入条件 ·············· 108
二、享受资金扶持政策 ·············· 109
三、实行税费减免优惠 ·············· 109

四、提供培训指导服务 ································· 110
第五节　创业项目的选择与决策 ································· 111
　一、选择创业项目 ································· 111
　二、项目选择的评价原则 ································· 114
　三、创业项目决策评价方法 ································· 115
　四、创业需要注意的事项 ································· 115
　五、大学生创业风险 ································· 117
　六、创业融资 ································· 118
第六节　创业计划书的制订与实施 ································· 120
　一、创业计划书的作用 ································· 120
　二、创业计划书的基本框架与内容 ································· 120
　三、制订创业计划书 ································· 121

附　录 ································· 124

参考文献 ································· 134

第一章 制订职业生涯规划

第一节 职业生涯规划基础

一、职业生涯规划的概念

职业生涯规划是指个人和组织相结合,在对一个人职业生涯的主客观条件进行测定、分析、总结研究的基础上,对自己的兴趣、爱好、能力、特长、经历及不足等各方面进行综合分析与权衡,结合时代特点,根据自己的职业倾向,确定其最佳的职业奋斗目标,并为实现这一目标做出行之有效的安排。

二、职业生涯规划的特征

大学生职业生涯与其他群体和个人的职业生涯有共同的特点,也有其特殊性。

1. 终生性

大学生职业生涯是大学生一生当中连续不断的过程,职业生涯概括了大学生一生中的各种职位和角色,概括了大学生一生中的各种职业活动和行为。

2. 独特性

每名大学生都有自己的从业条件,有自己的职业选择和职业规划。每名大学生都有为实现自己的职业目标而做出的各种不同努力。所以,每名大学生的职业生涯都是独一无二的。不仅从事不同职业的个人有明显不同的职业生涯,从事相同职业的不同个人的职业生涯也是不同的。并且从事同一职业的同一个人,在不同阶段,其职业生涯也是变化的。

3. 发展性

大学生的职业生涯,是一个不断变化的动态发展过程。随着大学生自身认识能力的不断提高,对世界和职业的认识不断深入,使得他们的职业目标不断变动,职业目标变动以后,职业规划相应地调整,职业生涯也随之变动。不同的个体之间,有的职业生涯成功了,有的失败了;有的职业生涯进展顺利,有的遭受挫折等。

4. 阶段性

大学生职业生涯是由不同的发展阶段构成的,可以划分为不同的发展时期。每个时期、每个阶段都有不同的目标和任务,职业生涯各阶段之间具有逻辑关系,每一个阶段都是前一阶段的延续，又是后一阶段的基础，各个阶段是一个统一的发展过程。在校大学生如果积极、主动地为职业生涯做准备，迅速地迈出自己职业生涯的第一步，就能为自己将来的职业生涯顺利发展奠定基础，促成自己职业生涯的成功，实现自己的职业目标。

三、制订职业生涯规划的意义

1. 职业规划能尽早对行业发展做出准确而有效的判断

时代在前进，世界各国的联系也越来越紧密，行业发展充满了各种各样的变数。有些人能够迅速崛起，这与他对行业发展所做出的积极响应是分不开的。没有计划，就无法应对变化。

2. 职业规划能帮助个人在发展中进行定位

眼高手低，是大多数人无法准确定位自己的常见表现。不对个人能力进行权衡，总是着眼于大挑战、高目标，而操作的时候也没有做透彻的分析，很容易导致定位不准。

3. 职业规划能帮助个人在竞争中获得主动优势

不是所有人都能够站在同一条起跑线上，而在起跑线上占得先机的人也不一定就能最快到达终点。要扬长避短，更需精心策划。没有哪一场仗是在毫无准备的情况下得胜的，即便能够侥幸获胜，那或许也只是因为对手比自己更疏于准备。

4. 职业规划能对个人起到鞭策和激励作用

我们都知道，"要成功"这一类空泛的口号并不具备可执行性。因为它并不是一个具体的策略。如果要实现某一个目标，必须要把它具体化。而职业规划就是一个可执行性非常强的具体策略。

有了目标，有了具体的操作步骤，就能时刻提醒自己，自己正进行到哪一步了，还应该做何种方向的探索和何种努力。通过一些硬性的指标，对自己起到约束作用。

而每实现一个目标，都会离自己渴望的成功更进了一步，小阶段成功的喜悦能带给自己进行下一步任务的动力。

5. 职业规划能尽早对阶段性发展做出调整和完善

人生不可能一帆风顺，顺风时，乘风破浪，逆风时，不应该过早就失去信心，更应该去做好准备，为下一个阶段计划好、安排好，不至于错失后面更好的机会。一个好的计划也有可能会失败，但早做计划比晚做要强。

这就是大学生进行职业生涯规划的意义所在。通过不断地规划，不断地完善，不断地了解自己，从而对日益严酷且不断变化的竞争环境做出积极反应，在与对手的竞争中脱颖而出，得到社会和单位的认同。这都是实现理想和抱负非常必要的手段，对迈向成功有着极其重要的价值。

四、影响职业生涯的因素

成功的职业生涯规划要考虑各种要素，主要包括知己、知彼、抉择、目标、行动。知己知彼，才有可能百战百胜，而不是一定能百战百胜，就如同在武林中，百战百胜的前提是熟知自己的武功招数，以及自己如何破解对方的方法。破解对方的招数是目标，破解的技术是行动。有了积极行动之后，战胜的概率就高了。

1. 知己

所谓"知己"，就是自我认识与自我了解。了解自己这个人，向内看，看自己的兴趣、能力、价值观、个性；向外看，看父母的管教态度、学校与社会教育对个人产生的影响等。

2. 知彼

所谓"知彼"，就是熟悉周围的环境，特别是与职业生涯发展有关的职业世界。知彼是探索外在的世界，包括行业职业的特性、所需的能力、就业渠道、工作内容、工作发展前景、行业职业的薪资待遇等。

3. 抉择

抉择包括抉择技巧、抉择风格，以及抉择可能面临的冲突、阻力、助力等。

知己知彼相互关联，在此基础上确定的个人职业生涯目标要符合现实，而不是一厢情愿；对从事的职业要感兴趣，而不是被动地去干；所从事的工作能发挥专长、优势；对工作的环境能够适应，工作干起来游刃有余。这样的生涯设计不仅做到了"知己""知彼"，而且还做出了正确的"抉择"。所以"知己""知彼"与"抉择"就是职业生涯设计要把握好的三大要点。

以下这个故事被很多人讲过很多遍，用来说明拥有清晰的目标的重要性。

有一年，一群意气风发的天之骄子从美国哈佛大学毕业了，他们即将开始他们的职业生涯，他们的智力、学历、外界条件都相差无几。在临出校门前，哈佛大学对他们进行了一次关于人生目标的调查。结果如下：27%的人，没有目标；

60%的人，目标模糊；

10%的人，有清晰但比较短期的目标；

3%的人，有清晰而长远的目标。

25年后，哈佛大学再次对这群学生进行了跟踪调查，结果如下：

3%的人，25年间他们朝着一个方向不懈努力，几乎都成为社会各界的成功人士，其中不乏行业领袖、社会精英；

10%的人，他们的短期目标不断地实现，成为各个领域中的专业人士，大都生活在社会的中上层；

60%的人，他们安稳地生活与工作，但都没有什么特别成绩，几乎都生活在社会的中下层；

剩下27%的人，他们的生活没有目标，过得很不如意，并且常常在抱怨他人，抱怨社会，抱怨这个"不肯给他们机会"的世界。

其实，他们之间的差别仅仅在于：25年前，他们中的一些人知道自己的目标，而另一些人则不清楚或不很清楚。

这个故事是告诉大家目标的重要性。相信不少人在第一次看到这个故事的时候都会有所触动，也会尝试着来确立自己的目标，但事实是为数不少的人越想越糊涂，到最后也没能明白自己的目标到底是什么。笔者就亲身经历过好几个目标模糊的人大谈目标的重要性，这说明大家虽然知道目标对于自身发展的重要性，但是他们不知道如何来确立自己的目标。

如果你不知道自己未来的目标，你就永远到不了那里；如果你没有自己的目标，别人就会为你做主；如果你对自己的未来没有计划，你就会成为别人计划里的一枚棋子。这个世界上永远是有希望的人带着没有希望的人飞奔，没目标的人为有目标的人完成任务。

俄国大文豪托尔斯泰有这样一句名言："人要有生活的目标：一辈子的目标，一个阶段的目标，一年的目标，一个月的目标，一个星期的目标，一天的目标，一小时的目标，一分钟的目标，还得为大目标牺牲小目标。"

案例

王先生从某财经学院工商管理专业毕业，本科学历，毕业之后曾在一家外资企业从事过两年的财务工作。可是王先生的理想职业并非做财务，于是后来王先生又转行做起了销售工作。可工作一段时间后，王先生发现销售工作也并非看上去那么容易，自己越来越力不从心。

后来在朋友的介绍下，王先生到一家网站做起了编辑，可编辑没当几天，王先生觉得编辑工作其实也不适合自己。

几次失败的就业经历，深深地打击了王先生的自信心。他想当一名软件开发人员，但理想如何才能实现？王先生不知究竟该如何正确地规划自己的职业生涯。于是王先生找到了一名职业顾问，希望专家能告诉他究竟该怎样为自己设计职业生涯规划。

【点评】

王先生的案例非常典型。即便是一些有几年工作经验的大学生，往往也不清楚自己未来发展的方向究竟在哪里。原因就在于他们无法为自己确定职业规划。这使得他们常常感到无所适从，盲目地去择业，频繁地跳槽，到头来还是一无所获。

要避免这种苦恼，需要对以下三个基本问题进行认真思考，得出最终的结论。

1. 自己的专业是什么？

对于大学毕业生来说，在选择第一份工作时，尽量还是要选择与自己专业有关的工作。案例中的王先生是工商管理专业毕业，无疑从事财务类的工作是他当下较好的选择。与专业有关的工作不一定是利益最大的工作，可最起码是最保险的选择。

2. 自己希望从事什么工作？

受现实情况所迫，许多人从事过的或者正在从事的工作，并非自己的兴趣所在。从职业角度分析，自己能胜任自己的工作，不代表这份工作就适合自己。例如，王先生对财务工作应该说还是比较胜任的，但是他对自己的工作感到厌倦，不想继续下去，而是希望转行尝试一些自己喜欢的工作。可是职业者的转行需要考虑个人情况、家庭情况以及社会环境。而对于一个刚刚走进社会的毕业生来说，没有一定的阅历和经验，是很难将以上这些问题考虑周全的。所以建议在改变职业时，最好请专业人士为自己做指导。

3. 自己的理想工作自己能胜任吗?

王先生的理想是成为一名软件开发人员,可是根据他的专业知识能力,这种理想是不太现实的,起码在短时间内这种理想难以达到。假如我们的理想工作超出了自己的能力范围,不妨将自己的兴趣转移至自己的专业上。王先生觉得财务工作很枯燥,专家建议他将职业方向锁定在既包括财务管理又可以经常外出与客户沟通的工作。王先生采纳了专家的建议。不久,王先生就成为一家大型会计师事务所的审计师。

知识拓展

世界传奇——比尔·拉福策划人生

拉福公司的创始人比尔·拉福的成功经验就是一个良好的职业生涯设计及执行的范本。在中学毕业之际,比尔·拉福就立志经商,开创自己的公司。他的父亲是洛克菲勒集团的一名高级职员,在商界工作了许多年,对商海中的事务了如指掌,深谙其中奥妙。他发现比尔·拉福具有商业天赋,机敏果断,敢于创新,但却未经历过磨难,没有经验,在这种情况下经商肯定会经受挫折。于是,拉福父子进行了一次长谈,共同制订了职业生涯发展的计划。

比尔·拉福读大学时并没有选择与商业有关的贸易专业,而是选择了工科中最基础、最普通的专业——机械制造专业。他的父亲认为,要想做一个好的商人,光有商业管理知识是绝对不够的,必须具备一定的专业知识。而在大型商业贸易中,工业商品占多数,如果不了解产品的性能、生产制造情况,很难保证或者控制生产与销售过程。与此同时,工科学院不但能够培养知识技能,还能帮助拉福建立一套严谨求实的思维方式、训练推理分析能力以及脚踏实地的工作态度,这些素质都是一个成功商人所应该具备的条件。比尔·拉福就这样在麻省理工学院度过了4年。在这4年中,他没有拘泥于本专业,还广泛接触了化工、建筑、电子等方面的基本知识。这些知识在他后来的商业活动中都发挥了不容忽视的作用。

大学毕业后,比尔·拉福考入芝加哥大学,开始攻读经济学硕士学位。因为他深知现代商业无论在程序、规则、内容等方面都相当复杂,都有一套规律与特征,需要专门地了解,而不能等到涉足商界后再谈。如果不了解经济规律,不学习经济学的常识,就无法进行商业活动,更无从谈到商业盈利。在这3年中,他系统地学习了经济学的基本知识,搞清了影响商业活动的众多因素,并认真学习了相关法律知识、管理知识和财务知识。这样,他在知识上完全具备了经商的素质。

拿到硕士学位后,比尔·拉福以为自己可以在商界大展身手了,出乎意料的是,他的父亲让他到政府部门工作。对此,他父亲的解释是,经商最重要的是与人交往的能力。在政府部门工作,一方面可以锻炼这方面的能力,另一方面还可以拓宽交际范围,为以后的商业运作打下基础。于是,带着这个任务,比尔·拉福在政府部门做了5年的公务员。在这5年中,他仔细观察,细心揣摩,在环境的影响和自我锻炼下,结识了各界人士,建立起广阔的关系网络。这个网络后来为他提供了丰富的信息和大量的便利条件，成就了他的事业。

结束了5年的政府工作，比尔·拉福又在父亲的引荐下到通用公司工作。在通用公司，他的目的就是熟悉商务活动，学习如何进行业务往来。两年后，他认为自己已经掌握了经商的技巧及所有环节，于是立刻从通用公司辞职，创办拉福商贸公司。自此以后，比尔·拉福终于开始了他渴望已久的商业生涯，正式实施自己多年前的计划。由于他具备充分的商业头脑、人际关系、生产经验，拉福公司飞速发展。在成立的20年后，也就是当拉福还是中年时，公司的资产已由最初的20万美元发展到2亿美元，成为经济史上的传奇。

当比尔·拉福成为世界传奇时，他对采访的记者说，他之所以有今天，应该感谢他的父亲为他制订了一个完美的职业生涯发展计划，这个方案最终使他功成名就。

通过比尔·拉福的经历可以看出，他的职业生涯规划目标明确，脉络清晰，步骤合理，充分考虑了个人兴趣及能力，确立了目标的可行性，并着重突出职业技能的培养。在这个计划的指导下，通过自己的不懈努力，他终于走到了成功的彼岸。

亲爱的同学们，也许他的这套职业生涯方案并不完全适合我们，但是却给我们带来一个重要的启示：人生是可以设计的！只要我们有信心、恒心，再加上科学的规划和设计，案例的主角也许明天就是我们。

趣味测试

测试你从事什么职业最能赚钱？

想要工作，又想要赚钱，你到底做什么行业最好呢？以下4种花，你最喜欢哪一种？

A. 木棉花　　　　B. 玫瑰　　　　C. 郁金香　　　　D. 香水百合

【答案分析】

选择A：你选择木棉花，说明你很爽快。如果你具备文学艺术天分的话，写作对你来说会是个挣大钱的行当。

选择B：你是个浪漫、任性而无拘无束的人。你的挣钱机会不是从事体力劳动的。

选择C：如果你能做到从头到尾、一丝不苟地工作的话，就有发财的希望了。

选择D：你是一个生活态度非常严谨的人。劝你一定要选个高难度、有含量的好职业，因为你是个标准的"百万富翁"胚子。

 能力训练

请根据本章所学内容，为自己设定职业生涯发展规划，并依照本章所介绍的职业生涯规划案例，为自己制定职业规划书。

第二节　职业生涯目标的确立

一、职业测评的概念

职业测评是心理学上的一个分支，兴起于20世纪的美国。当时美国的飞行学校为了测试飞行员的综合素质，设计出一套科学、全面的测试系统，对飞行员的综合素质做出客观的判定。后来随着"二战"的结束，这一职业测评被广泛应用于社会各个行业。有了职业测评系统，大大减少了培训资源的浪费，也为许多就业者指明了职业发展的方向。

职业测评工具分为兴趣、人格、能力、价值观四个方面。目前国内运用比较广泛的大学生职业测评工具主要有以下四种：兴趣测评、MBTI性格测评、职业能力测评和职业价值观测评。

（1）兴趣测评

霍兰德测评是一种兴趣测评工具，它的全称叫"霍兰德职业兴趣测评"，是由美国约翰·霍普金斯大学心理学教授霍兰德提出的。霍兰德认为人的人格特质、兴趣与职业有着密不可分的关系。因此，他提出的霍兰德测评将人格分为现实型、研究型、艺术型、企业型、社会型和常规型六个类型（表2-1）。霍兰德测评强调，兴趣一定要与所选职业相匹配。大学生就业者在择业之前，要先明确自己的兴趣与爱好，以及兴趣爱好与自己的职业究竟有何种联系。所选职业不仅要满足个人的兴趣，还关乎个人将来的经济独立、家庭安康等多个方面。因此兴趣与职业匹配的程度是应用职业测评的一个重要方向。

表2-1　霍兰德测评

类型	特征	适合职业
现实型	动手能力强，是实践出真知的拥护者。通常善于独自完成具体任务，但不善于言辞交际，做事小心谨慎	机械或工具开发人员、计算机硬件维修人员、厨师、农民等

续表

类型	特征	适合职业
研究型	肯动脑,善于思考,具有较强的抽象思维能力,求知欲强,爱好具有创造性的事情,但不愿动手,不善于领导他人	科学研究人员、工程师、数据分析员、医生等
艺术型	个性强,喜欢与众不同。典型的浪漫主义者,做事理想化,完美主义者,不注重实际。具有一定的艺术天赋,善于表达,心理时常处于复杂的状态	诗人、作家、歌手、建筑师、广告策划员等
企业型	有较强的权力欲望,喜欢领导别人,不安于现状。做任何事都有明确的目的,喜欢以金钱、地位来衡量付出的价值	律师、法官、销售人员、企业经理、政府领导等
社会型	善于言谈,爱交朋友,愿意主动帮助别人,渴望在人前展现自我价值和社会作用	公关人员、咨询人员、教务工作者等
常规型	遵纪守法,甘于接受别人的领导。做事注重细节,但缺乏创造性,富有自我牺牲精神	投资分析师、秘书、打字员、出纳、会计等

(2) MBTI性格测评

目前,国际上最流行的性格测试就是MBTI测试,由美国心理学家卡尔容格发明。卡尔容格将人的性格大致分为外向型E和内向型I两种:外向型的人,更倾向于在自我以外的世界里,去发现并学习;而内向型的人,以自我的心理指导自己的全部言行。卡尔容格又将心理功能划分为四种,包括两种理性功能(思考S和情感F)以及两种感知功能(实感S和直觉N)。通常每个人都会有一种处于主导地位的性格类型,而当四种心理齐头并进时,则被认定为最佳状态。

这种性格测试多适用于成年学生,它能为学生有效地测试性格类型,从而为学生认识自己的性格而服务。

(3) 职业能力测评

相较于以上两种测评,职业能力测评具有一定的倾向性。它是通过一组经过科学编排的测试题,对一个人的数学、语言组织、空间判断、书写、运动、社交等多个方面进行综合的评价。这种测评尤其适用于大二、大三的学生。大二、大三是大学生自我定位的关键时期。当对自己的定位无法做到准确判断时,职业能力测评则可以帮助明确自身能力的特点。

(4) 职业价值观测评

职业价值观测评也称工作价值观测评。它是对一个人的职业认知态度的测评,它为个人选择的职业类型和个人职业生涯的发展方向提供建议与参考,对企业招聘、人才选拔和培养具有非常重要的参考价值。

它的测评方法是通过各种关于价值标准的问题,对大学生进行考察。其答案分五个档次：好、较强、一般、较弱、弱。越是大学生认为重要的职业标准，对选择职业的影响就越大。

二、个性特征对职业选择的影响

20世纪心理学最重要的发现是"自我形象"。不管我们是否了解，我们每个人都有一张心理蓝图或一幅自己的画像。在我们的知觉里，此种图像或许模糊不清——事实上，我们可能根本就不了解它，但是，这幅图像却是存在的。所谓自我形象，就是"我是哪种人"的自我观念，即自己对自己的一种评价和认同，是由我们的自我信念塑造成的。就大学生择业而言，自我认识是大学生择业意识从"我想干什么"的幻想型转变到"我能干什么"的现实型的过程，也就是实现择业者知行统一的过程。因此，自我认识在大学生职业生涯规划过程中是十分重要的。那么，怎样能够客观地进行自我认识呢？一般可通过以下几个环节进行。

1. 认识自己的职业性格

近年来，用人单位在选人时出现一种新观念，认为性格比能力重要。其原因是，如果一个人能力不足，可通过培训提高；但一个人的性格不好，要改变起来，可就困难多了，正所谓"江山易改，本性难移"。所以，在招聘新人时，将性格的测试放在首位，当性格与职业相吻合时，才能对其能力进行测试考察。印度的古语说"播种行为，收获习惯；播种习惯，收获性格；播种性格，收获命运"。可见，性格与人们职业生涯关系密切。

职业心理学的研究表明，性格是个性中具有核心意义的成分，几乎涉及人的心理过程及个性特征的各个方面。不同的人，其性格的态度特征、意志特征、情绪特征和理智特征有不同表现。

（1）性格的态度特征不同。有的人诚实、正直、谦逊，而有的人自私、虚伪、高傲；有的人勤奋、认真、创新，而有的人懒惰、自卑、墨守成规。

（2）性格的意志特征不同。有的人自制、果断、勇敢，而有的人冲动、盲目、怯懦；有的人顽强、严谨、坚持，而有的人优柔寡断、虎头蛇尾、轻率马虎。

（3）性格的情绪特征不同。有的人情绪体验深刻，易被情绪支配，控制力较弱，对工作影响较大；有的人情绪体验微弱，意志控制能力强，不易被情绪左右，情绪对工作影响较小；有的人情绪稳定持久，情绪起伏波动较小，即使在成功和失败的重大事件面前情绪也较稳定；有的人则患"冷热病"，易激动，情绪不稳，在成功面前忘乎所以，在失败面前又可能垂头丧气；有的人经常处于精神饱满、欢乐之中，朝气蓬勃、乐观向上；有的人则经常抑郁低沉、无精打采、垂头丧气。

（4）性格的理智特征不同。例如，在感知注意方面，有主动观察型与被动观察型、创造型与模仿型的区别，也有冷静的现实主义和脱离实际的幻想家的区别等。

性格广泛地影响着人们对职业的适应性，而不同的职业对从业者也有不同的性格要求，人的性格因人而异。因此，求职者可以根据自己的情况选择适当的量表，对自己的性格进行测量，以判定自己的性格类型，为择业做好准备。

2. 认识自己的职业兴趣

在实际生活中，很多人会结合自己的兴趣选择工作。例如，有些人喜欢享受速度感，所以选择当一名赛车手；有些人喜欢孩子的天真烂漫、纯朴无瑕，觉得天天和他们在一起自己也会永远年轻，就选择了当幼儿园老师或小学老师；有些人喜欢帮助别人，所以选择当社会工作者；有些人喜爱摆弄电子线路、修理电器，所以选择当电器维修人员；有些人钟情于艳丽多彩和巧夺天工的结构，于是选择了与美工、设计有关的工作等。

兴趣对一个人工作的影响是很大的，如果一个人选择的职业能够与他的兴趣相符合，那么就容易产生源源不断的动力，甚至废寝忘食、乐此不疲，他也会自觉地乐于接受相关训练，获得专业知识和技能，即使在工作中碰到一些挫折与困难，也会有较多的勇气与毅力来面对问题、突破难关。因此，在这种情况下，一个人的潜能更容易被激发，他的职业生涯发展也就更容易成功，更容易令人满足。

职业兴趣是有关职业偏好的认识倾向，是人对某类专业或职业所抱有的积极态度。同任何一种兴趣一样，职业兴趣也是一个人在事业上成功的动力。职业兴趣可以促进个人对事业的热爱。有强烈职业兴趣的人，一定是被这项职业所深深吸引，进而产生强烈的动力，并具有强烈的欲望和冲动，愿意从事并为之付出任何辛苦且在所不惜。在这种状态下工作的人，一定会取得优异的成绩。可以说，凡在事业上有所成就的人往往是对自己的职业充满兴趣并深爱自己职业的人。毫无疑问，兴趣是铸就事业辉煌的强大动力。

职业兴趣大多不是与生俱来的，但是它可以在自发的兴趣上加以培养而成。一般来说，职业兴趣的形成与人们所处的生活和家庭环境、曾经参与的实践活动、自身的认识水平以及所处的社会环境等都有着密切的联系。

3. 判断自己的职业能力

职业能力不同于职业兴趣，有人也许对某项职业特别感兴趣，但这并不表明他具备从事这项职业的才能和特长。"金无足赤，人无完人"，无所不能的全才是不存在的。任何一个人都或多或少地有着自己的特长，有的善于理论分析，有的善于实际操作，有的擅长事务性工作，有的擅长创造性活动，有的口才好，有的文笔佳……而各类职业所需要的能力也各不相同，如法官就应具有很强的逻辑推理能力，却不一定要有很强的动手能力；建筑工人则应有一定的空间判断能力，却不一定需要具有良好的语言表达能力。

能力是一个人完成任务的前提条件，是影响工作效果的基本因素。因此，了解自己的能力倾向及不同职业的能力要求，对合理地进行职业选择具有重要意义。

能力有一般能力和特殊能力之分。

一般能力是指完成任何一项活动都必须具备的基本能力，除了包括人的各项与生俱来的身体功能，如听、说、运动等之外，还主要包括心理学上的观察力、注意力、想象力和思维能力等，即人认识客观世界、理解客观世界并且运用已有的知识和经验解决问题的能力，这些能力也被统称为智力能力。一般能力是构成人的能力的主体，也是人们的日常生活、学习和工作都必须具备的能力。人的一生（包括各个教育阶段）都是在不断培养自己的这种基础能力。

特殊能力是指一些人在某些方面所具有的超越一般常人的能力，这种非同寻常的能力往往可以在职业实践活动中得到充分体现。如品酒员特殊的味觉和嗅觉能力，飞行员超常的平衡能力，画家所具有的色彩识辨能力和形象记忆力等。

高职学生就业需具备的基本能力包括以下几种。

（1）表达能力。包括口头表达能力、文字数字表达能力、图文表达能力等几种形式。

（2）动手能力。一个人实际操作能力水平的高低主要体现在操作的速度、准确和灵活三个方面。

（3）适应能力。适应社会和改造社会是对立统一的两个方面。对社会、对环境的适应是主动的、积极的适应，不是消极的等待和对困难的屈服，更不是对落后、消极现象的认同，甚至同流合污。

（4）交际能力。就是人际交往能力，与他人相处的能力。

（5）管理能力。每个人在将来的工作中都不同程度地需要具备组织管理才能。现代社会表明，不仅领导干部、管理人员应当具备组织管理能力，其他人员都应该具备组织管理能力。

（6）创造能力。创造能力是在多种能力发展的基础上，利用已知信息，创造新颖的、具有社会价值的新理论、新思维、新产品的能力。它是一种综合性的、高层次的思维能力和行动能力。

（7）决策能力。决策能力就是对未来行为目标的决断和选择的能力。良好的决策能力可以实现对目标及其实现手段的最佳选择。

4. 找准自己的职业价值观

价值观是一种独特且持久的信念，是个人对客观事物及对自身行为结果的意义、作用、效果和重要性的总体评价，是对什么是好的、是应该的总的看法，是影响个体决策和行为的准则与规范。价值观是人用于区别好坏、分辨是非及其重要性的心理倾向体系。价值观反映人对客观事物的是非及重要性的评价，并使人的行为带有稳定的倾向性。价值观是人生观和世界观的体现，一个人的价值观是从出生开始的，在家庭和社会的影响下逐渐形成的，其所处的经济地位及社会生产方式对其有决定性影响。

职业价值观也称工作价值观，是价值观在所从事的职业上的体现，是人们对待职业的一种信念和态度，或是人们在职业生涯中表现出来的一种价值取向。职业价值观是个人对某一职业的价值判断，是个人希望从事某项职业的态度倾向，也就是个人对某一项职业的希望、愿望和向往。个人的职业价值观是其人生观、世界观在职业上的体现。我们考察职业价值观，不是看人们如何看待"职业价值"的本质，而是注重探讨人们在职业选择和职业生涯中，在众多的价值取向里优先考虑哪种价值。价值观的个体系统包括价值、价值取向和价值体系。

价值就是一个个认为"值得"的东西，在其背后是一整套具有普遍性、有组织的结构系统，在这个系统中，人们认为哪些值得做、哪些不值得做，这就是价值取向。

职业价值观表明了一个人通过工作所要追求的理想是什么，是为了财富，还是为了地位或其他因素。由于个人的身心条件、年龄阅历、教育状况、家庭影响、兴趣爱好等方面的不同，人们对各种职业有着不同的主观评价。从社会来讲，由于社会分工的不同和生产力水平的相对落后，各种职业在劳动性质的内容上，在劳动难度和强度上，在劳动条件和待遇上，在所有制形式和稳定性等诸多问题上，都存在着差别。再加上传统的思想观念等因素的影响，各类职业在人们心目中的声望地位便也有好坏、高低之见，这些评价都形成了人的职业价值观，并影响人们对就业方向和具体职业岗位的选择。对于个人而言，挑选一份符合自己职业价值观的职业将会使其工作更愉快，更容易获得成功。心理学家研究发现，由于受家庭环境、教育、兴趣爱好等多方面的影响，不同个体的职业价值观是不同的，因而对某一职业的评价和取向也会不同。

职业价值观对人们自身的职业行为的定向和调节起着非常重要的作用。具体而言，职业价值观的作用体现在以下几个方面：首先，职业价值观对择业动机有导向作用。人们职业行为的动机受职业价值观的支配和制约，职业价值观对择业动机模式有着重要的影响。在同样的外部条件下，具有不同职业价值观的人，其择业动机模式不同，产生的择业行为也不相同，其择业动机的目的方向受职业价值观的支配。这也正是为什么同样的职业不同的人有不同的评价和选择的原因。

每一个求职者由于其所受教育的不同和所处环境的差异，在职业取向上的目标和要求也是不相同的。在许多场合，人们往往要在一些得失中作出选择，而左右人们选择的，往往就是职业价值观。例如，是要工作舒适轻松，还是要高标准的工资待遇；是要成就一番事业，还是要安稳太平。当两者有矛盾冲突时，最终影响他们决策的是存在于内心的职业价值观。

其次，职业价值观反映了人们对职业的认知和需求状况。职业价值观是人们对职业及职业行为结果的评价和看法，因而，它从某个方面反映了人们的人生观和价值观，反映了人的主观认知世界的状况和差异。

最后，职业价值观是判定职业生涯发展状况和人才配置的重要依据。价值观是一种基本信念，它带有主观判断的色彩，代表了一个人对于什么是好、什么是对以及什么会令人喜爱的意见。职业价值观是对自己职业生涯成功与否及其发展状况评价的依据，也是组织进行人力资源配置的重要依据。因此，树立良好的职业价值观，对于个人正确判断职业生涯发展状况以及合理开展人力资源管理工作都具有重要意义。

三、职业定位

面对严峻的就业形势和为自己职业发展着想，当代大学生有必要按照职业生涯规划理论，加强对自身的认识与了解，找出自己感兴趣的领域，确定自己能干的工作也即优势所在，明确切入社会的起点。要想明确规划自己的职业发展，首先要明确自我人生目标，即给自我定位。自我定位，规划人生，就是明确自己"我能干什么？""社会可以提供给我什么机会？""我选择干什么？"等问题，使理想可为介入社会提供明确方向。准确的自我职业定位应该做到以下几点：

1. 知道自我的优势

明确自己能力的大小，给自己打分，看看自己的优势和劣势，这就需要进行自我分析。通过对自己的分析，旨在深入了解自身，根据过去的经验选择、推断未来可能的工作方向与机会，从而彻底解决"我能干什么"的问题。只有从自身实际出发，顺应社会潮流，有的放矢，才能马到成功。要知道个体是不同的、有差异的，我们就是要找出自己与众不同的地方并发扬光大。定位，就是给自己亮出一个独特的招牌，让自己的才华更好地为招聘单位所识；对自己的认识分析一定要全面、客观、深刻，绝不回避缺点和短处。自己的优势，即自己所拥有的能力与潜力所在。

2. 发现短板

(1) 性格的弱点。人无法避免与生俱来的弱点，必须正视自己的弱点，并尽量减少其对自己的影响。例如，一个独立性强的人会很难与他人默契合作，而一个优柔寡断的人绝对难以担当组织管理者的重任。卡耐基曾说："人性的弱点并不可怕，关键要有正确的认识，认真对待，尽量寻找弥补、克服的方法，使自我趋于完善。"因此要注意安下心来，多跟别人好好聊聊，尤其是与自己相熟的，如父母、同学、朋友等交谈。看看别人眼中的自己是什么样子，与自己的预想是否一致，找出其中的偏差，这将有助于自我提高。

(2) 经验与经历中所欠缺的方面。"人无完人，金无足赤"，由于自我经历的不同和环境的局限，每个人都无法避免一些经验上的欠缺，特别是面对招聘单位纷纷打出数年工作经验条件的时候。有欠缺并不可怕，怕的是自己还没有认识到或认识到而一味地不懂装懂。其正确的态度应该是：认真对待，善于发现，并努力克服和提高。

3. 方向明确

通过自我分析认识，我们要明确自己该选择什么职业方向，即解决"我选择干什么"的问题，这是个人职业生涯规划的核心。职业方向直接决定着一个人的职业发展，职业方向的选择应按照职业生涯规划的四项基本原则，结合自身实际来确定，即选择自己所爱的原则。我们必须热爱自己选择的职业，从内心自发地认识到要"干一行，爱一行"。只有热爱它，才可能全身心地投入，做出一番成绩；择己所长的原则是选择自己所擅长的领域，发挥自我优势，注意千万别当职业的外行；择世所需的原则是所选职业只有为社会所需要，才有自我发展的保障和择己所利的原则。

4. 用优势来经营自己

有的毕业生有过分的自卑心理，总认为自己技不如人，拿自己的短处与别人的长处去比，因而不敢主动地推销自己。其实每个人都有自己的长处与短处，所谓"尺有所短，寸有所长"，成功人生的诀窍就是经营自己的长处。因此，在人生之旅上，一个人如果站错了位置，用他的短处而不是长处来谋生的话，那么后果肯定不会理想的，他可能会在永久的卑微和失意中沉沦。故在选择职业时，要注意发挥自己一技之长。首先我们不要过多地考虑这个职业能给自己带来多少钱，能不能使自己成名，而是应该把最能发挥个人优势的职业作为首选，因为，你若能发挥自己的特长，钱是可以慢慢积累的；经营自己的长处能给自己的人生增值，而经营自己的短处会使自己的人生贬值。

总之，职业生涯目标的确定是个人理想的具体化和可操作化。职业目标的选择并无定式可言，关键是要依据自身实际，适合于自身发展。值得注意的是，伴随着现代科技与社会的进步，个人要随时注意修订职业目标，尽量使自己职业的选择与社会的需求相适应，一定要跟上时代发展的脚步，适应社会需求，才不至于被社会淘汰。

四、确定职业生涯目标的方法及注意事项

（一）确定职业生涯目标的方法

职业生涯是贯穿一生的漫长过程，它需要设计，更需要实践。如果没有行动，计划就毫无价值，目标也就失去了意义。苦思冥想，谋划如何有所成就，是不能代替实际行动的，没有行动的人，只是纸上谈兵，成不了大业。大学生要使自己的职业生涯规划变为现实，就必须按照计划去行动。

1. 培养自信

自信是人取得进步的动力和源泉，良好的自信是成功的秘诀之一，没有自信，人生便失去了意义；缺乏自信，人生便失去了成功的可能。

自信是大学生职业生涯设计成功的源泉和动力。现代最伟大的科学家爱因斯坦在总结自己成功的经验时说："在我的一生中，只是出于一种信心，才使我在研究遭到困难时，没有感到灰心。"伟大的女科学家、诺贝尔奖获得者居里夫人也十分强调自信心的作用："我们应该有恒心，但尤其要有自信心，我们须相信，我们既然有做某种事情的天赋，那么无论如何都必须把这种事情做好。"

可以这样说，古今中外任何一种成就，无一不是建立在自信的基础上的，虽然不能否定才能、机遇等因素的作用，但自信作为一种精神力量，常常在一些关键时刻起到决定性的作用。由此可见，自信心既是人们事业成功的重要因素之一，也是人们事业发展的动力源泉。尤其对于大学生而言，由于缺乏生活经验和阅历，情绪容易大起大落，一旦遇到挫折，往往一蹶不振，所以自信心的作用就显得更重要了。

小泽征尔是世界著名的音乐指挥家，一次他去欧洲参加指挥大赛，决赛时，他被安排在最后。评委交给他一张乐谱，小泽征尔稍做准备便全神贯注地指挥起来。突然，他发现乐曲中出现了一点不和谐的声音，开始他以为是演奏错了，就指挥乐队停下来重奏，但仍觉得不自然，他感到乐谱确实有问题。可是，在场的作曲家和评委会权威人士都声明乐谱不会有问题，是他的错觉。面对几百名国际音乐界权威，他不免对自己的判断产生了动摇。但是，他考虑再三，坚信自己的判断是正确的。于是，他大声地说："不！一定是乐谱错了！"他的声音刚落，评判席上的评委立即站起来，向他报以热烈的掌声，祝贺他大赛夺魁。

原来，这是评委精心设计的一个圈套，以试探指挥家在发现错误而权威人士不承认的情况下，是否能够坚持自己的判断。因为，只有具备这种素质的人，才真正称得上是世界一流音乐指挥家。在三名选手中，只有小泽征尔相信自己而不附和权威人士的意见，从而获得了这次世界音乐指挥家大赛的桂冠。

自信是一种力量，无论身处顺境还是逆境，都应该微笑、平静地面对人生，有了自信，生活便有了希望。对大学生而言，很多人不自信的原因是没有找到自己的特长，也就没有形成自己的优势。不少人认为自己既没有特长，又缺乏优势，即使充满自信也难以取得事业上的成功。因此，找到特长和发现优势就成为大学生职业规划实现的途径，也是培养良好自信心的方法。其实，问题的关键往往不是自己缺乏应有的特长和优势，而是自己缺乏自信。所谓没有特长，是自己没有找到特长；所谓没有优势，是自己没有发现优势。自己的特长、优势在哪里呢？可通过职业生涯设计中的自我分析，找出自己最大的兴趣，发现自己的最优性格，找到自己的最佳特长。

但是，有些大学生找到了特长，发现了优势，但是如果缺乏自信，事业也难以获得成功。因为任何一件事情和任何一项工作的成功，特别是想要成就一番事业，都不是轻而易举、一帆风顺的。要坚持自己的目标，勇往直前，并根据时代和自身的变化及时做出调整，如果缺少一往无前的气概和排除万难的信心，职业生涯设计就只能停留在"设计"阶段，而不能变成现实，难以获得职业生涯设计的成功。"天生我材必有用"，哪怕命运之神一次次把我们捉弄，只要拥有自信，拥有一颗自强不息、积极向上的心，成功迟早会属于我们的。当然，自信也要有分寸，否则，过分自信，就会变得狂妄自大，目中无人，那么必然会导致失败。

2. 开发创造力

创造力是对已积累的知识和经验进行科学的加工与创造，产生新概念、新知识、新思想的能力，其大体上由感知力、记忆力、思考力和想象力四种能力构成。

高等学校培养大学生，目的是为了社会的不断进步，体现出科技和人才是立国之本。随着国家经济建设的不断发展，社会各行业对人才的需求也在不断变化，更加注重强调人才的创造性和人才的综合指标。从近年来大学生就业双向选择的洽谈结果可以看出，用人单位渴望选择既掌握基本理论知识又有一定实践能力的毕业生。因此，大学生在校学习期间，通过各种有效方式，发挥他们的思考能力、想象能力、实践能力是非常必要的，这对提高大学生在人才市场的竞争能力有着重要的意义。

从大学生个体的内部因素看，培养创造力应从以下几个方面入手。

（1）具有创造意识和能力的人应有强烈的求知欲

一般来说，具有创造性思维的学生的求知欲是很强的，他们往往对已学过的知识有不满足感，对事物的发展、变化有好奇心和进一步探求的欲望，对问题的解释喜好用新的观点和依据。

（2）要具备个体独立性

具有较强创造能力的学生，应具备较强的个体独立性，不受传统意识或做法的限制，敢于坚持自己的观点，不盲从他人，要有首创精神，要有自信心，要充分认识到有些问题暂时解决不了，是受一定条件的限制。大学生要勇于创新，冲破原有的一些模式，不怕犯错误，创造本身就存在犯错误的可能性，不要因害怕而停滞不前。要建立自己新的设想，在有序思维的指导下，不断去伪存真，坚持到底就一定会成功。另外，具备了个体独立性的创造者，也不能随便否认他人的观点和做法，要有一定的顺从意识。

(3) 树立科学的价值观念

我们不能计较个人的荣辱得失，要把发挥自身的创造力看成是在发挥自己的才智为社会、为他人做贡献。只有把为国家、社会做贡献作为自己创造的目标，才能形成更大的推动力，才能得到更多人的肯定。具有创造力的人都会从创造中得到喜悦和快乐，当他们揭开一个个科学奥秘的时候，无不感到欢欣鼓舞，于是，他们便把为人类做贡献作为自己一生的追求，这才是科学的价值观。

(4) 提高执行力

所有人的梦想都很美好，然而只有少数人能够实现自己的梦想，这是因为他们能够坚持不懈地朝着梦想努力。良好的执行力是我们取得胜利的关键，职业生涯规划能否实现，很大程度上取决于能否立即行动。俗话说：心动不如行动。因为只有行动，才有成功的可能性，只从现在做起，才能完成我们的人生规划。

小时候，我们经常说："等长大以后……"长大以后，我们经常说："等明天再说……""等以后再处理……""等心情好了再说吧……"任何时候都有这样那样的问题，条件不完全都具备，所以总是没有行动。如果这样一天天、一年年地拖下去，随着岁月的流逝，我们变得年迈体弱，就真的什么也不能做了，只好空度一生，一无所成。大学生中有很多人，他们制订了雄伟的计划，却总能为自己的懒惰找到很多理由：记忆力不行了，体力不行了，事情一大堆……结果，完美的计划束之高阁，自己则永远停留在原点，没有进步。有些人不是没有行动，而是行动的附加条件太多。比如，有人写一封信，先把办公桌面整理一番，又找来抹布擦拭一番，再把信纸放得方方正正，突然发现信纸本的顶头有个毛点，小心翼翼地把它清除掉，再拿出钢笔来察看一番，好像上边有灰，当然也要抹掉……就这样十几分钟过去了。写信的时候就像走八字步，轻易放不下笔。这种人不是没有行动，而是行动太磨蹭，这实际上也是一种拖延。时间久了，这种小拖延就变成大拖延，人生规划就难以实现。

制订了计划，就要行动，在行动中遇到问题也是正常的，遇到问题，就解决问题，人生的发展就是在不断解决问题、克服困难中前进的。有些人做事过分依赖条件，无论办什么事总要等条件完全具备了才去办。职业生涯规划就是规划未来，不可能一切条件都具备，行动的目的就是创造所需的条件，如果认为条件不成熟就不干，就失去了生涯规划的作用及意义。

有些人行动拖延的主要原因是"懒"。他们没有做事的兴趣，凡事能拖则拖，过一天算一天，认为车到山前必有路。这种人在事业上不可能获得成功，因为职业生涯规划对他来说纯属多余。他们的一切由命运决定，所以也就不必行动了。

培养良好的执行力，要从以下几个方面入手。

(1) 今天的事情今天做

职业生涯目标有长期目标、中期目标和短期目标。短期目标又分年目标、月目标、周目标和日目标。日目标的完成情况如何，直接影响年目标，年目标影响短期目标，依此类推，最后影响到长期目标。所以，当日的事情能否完成，并非小事。

一个人要想实现自己的生涯目标，就必须从当日做起，当日的事情当日完成。从工作量来看，将长期目标分解为日目标后，其工作量并不大，稍微抓紧一点，也就完成了。如果今天工作忙，今天没做；明天工作又很累，明天又不做。过不了几天，工作量累积起来就大了，到那时候再去补做，困难就多了，既然有困难，也就不做了，职业生涯规划就这样荒废了。所以，今天的事情今日完成是实现职业生涯规划的重要措施之一。

（2）从现在开始做起

现在应该做什么，就马上动手，需要什么条件，就设法创造条件，干起来再说，这是实现人生目标的重要一步。

在大学阶段，专业学习是第一位的，任何时候都不能放松对理论知识的学习，这是将来工作的基础。但是在大学阶段，并不是学习好就意味着有好工作、好前途，我们应该更侧重自己综合素质的培养。

除了学习之外，大学期间至少还要做好下面四件事情：

第一，培养一种除学习之外的优势和特长。经过四年大学的学习，很多同学毕业了，工作了，在社会上立身的困难恐怕比在学校要更多，面对的困难可能不仅仅是做好工作本身，更多的困难是生活的态度、为人的方法和处世的技巧。培养自身的优势其实就是自身的潜在优势，比如我们在一个公司负责技术工作，但同时我们又具备良好的文笔功底，能够帮助领导完成一些文件的起草工作，日久天长，自然就会对我们委以重任。

第二，养成一种良好的生活和学习习惯。良好的习惯可以使一个人终身受益，大学阶段是人生各个方面走向成熟的重要阶段之一。如何正确思考问题，如何准确做出判断，如何有序、有效面对，这些都是大学里应该锻炼和培养的，而这些都需要长时间的努力，需要一个好习惯的养成。

第三，结交一批志同道合、不同专业背景的朋友。大学是培养一个人的人际交往和社会适应能力的良好舞台，不同学科、不同地域、不同喜好的人聚到一起，每个人都有优点，大家在彼此的接触中不仅可以交流学校、学院、学科之间的特点，还可以体会不同学科文化、地域文化的特色。

第四，参加一些社会实践和科研竞赛活动。这是大学除学习之外的最重要的事情。"纸上得来终觉浅，绝知此事要躬行"，任何理论都要在实践中才能检验，也只有在实践中才能体现出其价值。大学生一定要在多读书的同时，多思考、多实践，把自身所学早日转化为自身所能，在社会的大舞台上检验真知，锻炼本领，提高自身的综合素质和就业竞争力。

（3）立即行动

行动是习惯，拖沓也是习惯。这些习惯与能力无关。有些人能力很强，但就是因为有拖沓的习惯，而使自己一事无成，职业生涯规划不能实现。所以，这个习惯必须引起重视。如果自己有这个毛病，就应有意识地训练自己，用行动的习惯取代拖沓的习惯。每当自己发现有拖沓的倾向时，应静下心来想一想，自己的目标是什么？在此时间内应该完成什么任务？如果今天不干，明天会出现什么问题？考虑完这些问题后，定出一个最后期限，自我约束，渐渐地就会养成好的习惯。

相信很多人都听过这则故事：一个即将退休的老工人接到老板最后一个任务——建造一座房子，结果老工人心不在焉、偷工减料、应付式地交出了这份劣质的作业，当他知道老板是把这座房子送给自己的时候，后悔已经来不及了。这则故事告诉我们，其实我们每天都在为自己的"房子"添砖加瓦，在一点一滴地积累我们的经验、能力和资源，当积累到一定程度或者机遇来临的时候，这些积蓄就会释放出它的光芒。所以，我们要保持一种随时行动的状态，为社会也为自己负责。

（二）大学生职业生涯规划应注意的事项

1. 职业生涯规划与社会需要相结合

一个人只有将个人的成才与社会的需要紧密结合起来，满足社会需要，才能成为受欢迎的人。选择职业作为一种社会活动必定受到一定的社会制约，任何人选择职业的自由都是相对的、有条件的。我们应该积极把握社会人才需求的动向，把社会需要作为出发点和归宿点，以社会对个人的要求为准绳，既要看到眼前的利益，又要考虑长远的发展；既要考虑个人的因素，也要自觉服从社会需要。

2. 职业生涯规划与所学专业相结合

大学生都经过一定的专业训练，具有某一专业的知识和技能，每个专业都有一定的培养目标和就业方向，这就是大学生职业生涯规划设计的基本依据。如果职业生涯设计离开了所学专业，那么在无形当中就增加了许多"补课"的负担。

3. 职业生涯规划与能力特长相结合

职业生涯规划要与自己的能力特长相结合，充分发挥自己的优势，扬长避短，体现人尽其才、才尽其用的要求。能力特长是人们成功完成某种活动所必须具备的个性心理特征，是人们在社会实践中所表现出来的身心力量。按照自己的能力特长进行职业生涯规划是大学生进行职业生涯规划需要特别注意的问题。因为任何一种职业都需要一定的能力，不同职业有不同的能力要求。

4. 职业生涯规划与身心素质相结合

千变万化的社会要求大学生要有健康的体魄和良好的心理素质。对于大学生来讲，健康是学业成就、事业发展、生活快乐的基础。在德、智、体全面发展的职业生涯规划中，体是基础，智是条件，德是方向。良好的心理素质有利于大学生充分开发潜能，陶冶情操，坚定信念，为自己的心安设一盏希望的"明灯"。在人生选择与实践过程中，应培养和锻炼自己的对挫折的承受能力和情绪调控能力，增加生活的磨炼与体验。

马斯洛的需要层次学说指出："人有一系列复杂的需要，按其优先次序可以排成阶梯式的层次。一般来说，只有在较低层次的需求得到满足之后，较高层次的需求才会有足够的活力驱动行为。"这就告诉当代大学生一个简单的常识：自己的人生、自己的职业实现在自己的某种需求中，实现在自己的具体选择中。作为新时代的大学生，选择一种符合自己兴趣、爱好的价值观，并认真去实践它，坚守它，我们的职业生涯才会多姿多彩。

案例

陆某，女，24岁，中共党员，大学生村干部，两年前毕业于南京某大学工商管理专业。

在学校的时候，陆某就是学校的焦点人物。身为学生会主席的她，不仅长相美丽，而且从骨子里透露出一种不凡的气质。她做事雷厉风行，井井有条，而且能照顾到同学的利益，曾经为学生的利益，她和校长争辩得面红耳赤。因此，要是提起陆某，同学们没有不竖大拇指的。

像陆某这样的条件，毕业后找份高收入又体面的工作，那真可以说是易如反掌。可毕业时的陆某，为了响应国家的号召，毅然到了无锡某山村做了一名大学生村干部。这样的决定在其他同学看来几乎是不可思议的。但陆某对于自己的决定，从来都没有后悔过。

陆某所在的山村并不是经济发达地区，但这里却世世代代种有大量的水蜜桃。因为交通不便和信息的滞后，这里的水蜜桃很难找到销路，所以村民的生活条件也并不是多么富裕。

陆某来到这里，大刀阔斧地搞起了乡村改革。她首先立足于本村实际情况，提出了"先修路，后营销"的改革策略。经过自己的多方奔走，她终于向上级政府申请到了修路的文件和资金。运输平台有了，陆某又自己出资2万元，建立了水蜜桃的网络销售平台——"桃宝网"，用于联络开发水蜜桃的销售渠道。短短半年时间，向本村收购水蜜桃的订单犹如雪片一样飞来。陆某开发了本省水蜜桃销售的新模式。在陆某的领导下，该村的村民如今都已致富，平均月收入达3万元。因此，陆某的事迹被多家媒体争相报道。

【点评】

陆某在获得成功的同时，又是什么让她得到人们的赞誉呢？归纳起来有以下几点：

（1）人格魅力

陆某的人格魅力不单单表现在自己的领导艺术上。有人格魅力的人，必定也是受人尊敬、让人佩服的人。怎样才能让人佩服呢？多为他人着想，不计较个人一时的得失，只有这样才能得到广泛的认可。无论是在校期间，还是在做大学生村干部期间，陆某都能将身边人的利益放在重要的位置，这样的领导自然也会得到人们的称颂。

（2）有能力、有魄力

从事领导工作，考验的正是一个人的综合能力。比如管理能力、组织能力、分析能力，这些都是领导必不可少的素质。只有像陆某一样，综合能力达到一定的高度，才能做到把握大局。

（3）对自我价值的正确定位

相较于大城市里的企业高层领导、中层经理，村干部算不上是最舒适的工作岗位，但陆某却有着自己的人生定位。有句话说"是金子在哪儿都会发光的"。只要对自己有坚定的信心和毅力，无论身处何种环境，早晚都是会成功的。

知识拓展

张艺谋是如何成功的？

1978年5月，在北京电影学院西安考区，几位摄影系老师接待了沉默寡言的张艺谋，这个陕西咸阳国棉八厂28岁的工人超龄5岁。后来因文化部部长的一纸批示，张艺谋被北京电影学院破格录取，命运也随之而改变。三十几年过去了，那个曾经很"土"的工人，现在已是世界知名的大导演了，张艺谋是如何取得今天的成功呢？让我们来看一看他的事业发展历程。

张艺谋的职业规划的特点是"四步走"：定位、积累（摄影）——学习、坚持（导演）——否定（文艺片）、准备——发展、进步（商业片）。

1. 职业规划准备期——定位、积累

特殊的历史环境使得年轻时的张艺谋未能上高中就插队当了农民和当工人，很多人像他一样没有选择，但能像他一样坚持自己梦想的却不多。终于，在1978年，张艺谋才去学习自己心爱的技术——摄影，为自己未来的转型进行积累。

2. 职业规划转型期——学习、坚持

重新进入课堂学习后，张艺谋老老实实地学起了摄影，虽然他的志向是导演，但他显然十分清楚自己要做什么。这个时候的他仍在学习，不是在课堂上，而是在实践中学习。当时，他拍摄的很多片子都是与当时已经很有名气的陈凯歌导演合作的，陈凯歌导演也可以算他半个师傅。他做摄影获奖的那部《黄土地》就是陈凯歌导演的。

——进入某个不太熟悉的领域，谁都会有些不适应。因此进入一个陌生的领域，首先要找个好师傅，师傅不仅能够教授业务知识，还可以让自己看清新行业的"门槛"。其次就是寻找"好榜样"。转型后自己该怎么发展、怎么进步，最初可能有些摸不着头脑。自己可以确立一个"榜样"，分析他的成功轨迹，把每一个标准予以细分，做一个长期规划与短期规划。而有些人没有这样的规划，只喜欢靠自己摸索，结果绕了个很大的圈子才能走回正确的道路。

3. 职业规划冲刺期——否定、准备

在《黄土地》获奖后，张艺谋有两个选择——继续作为一个已经很成功的摄影师或者转型开始做导演。然而，出人意料，他却做了另外的选择——做一名演员，并且也获得了一定的成功。不过也可以说，这实在是最明智的选择。如果要做导演，特别是要想成为较有建树的导演，当然最好能亲身体验过做演员的感受，才能在拍片的时候与演员们配合契合。也许，这也是张艺谋拍片能获得成功的一个缘由吧。

4. 职业规划发展期——发展、进步

《红高粱》成功以后，张艺谋拍了一段时间的文艺片，在大家都熟悉了他的名字后，张艺谋敏锐地捕捉到了商业片的市场价值，并与中国电影市场的需求相契合，他开始转向了商业大片，开始了自己的大片之旅，并一直延续到现在。一部部片子的红火证明，张艺谋是一个全能导演，也是中国电影界的一面旗帜。

一个很好的职业规划通常包括了一份好的职业战略。张艺谋拍了多年的艺术片，并且获得了成功，但他并没有就此将自己定位为一个文艺片的导演，而是果断地转向了商业片。反观部分职场人士，不懂得变通之道，没有长远的计划，只敢做熟悉的，不敢迈向新领域，这其实是人们职业生涯上的一种障碍。

趣味测试

从坐车习惯看职业生涯发展

在日常生活中，很多行为习惯都蕴含着我们的价值倾向。我们来做个假设，如果我们坐火车出差，火车上没有座位号，不需要对号入座，那么，自己会选择何种位置坐呢？

A. 靠窗口的位置　　　　　　　　B. 靠过道的位置
C. 靠门的位置　　　　　　　　　D. 中间的位置

【测试结果】

A. 个性独立，注重个人空间，喜欢有一定的时间和空间独处；内心有着较强的表现欲，只不过这种欲望并不一定表现出来；有时候做事有些冲动，热情来了会先行动后思考。

B. 自我保护意识很强，做事比较谨慎小心；不愿意受到外界过多的约束，喜欢自由自在的感觉；对个人空间的要求比较高。

C. 喜好自由，对自己的事业比较热衷，但不会只有事业而没有生活。这种类型的人讲究生活品质，不会为金钱卖命。

D. 喜欢顺其自然，希望过悠闲的日子，没有压力，没有伤害，只要平平安安，心灵宁静就好了。虽然说也有对新生事物的好奇心，但一旦感觉到对自己不利，往往就不会参与，在这一点上十分理智。

能力训练

回顾本章的学习内容，认真填写下面的表格，以便更全面正确地认识自己。

	测试结果	自我评价
兴趣类型		
人格类型		
能力类型		
价值观类型		

第三节　职业生涯规划的制订

一、制订职业生涯规划的原则

好的职业规划可以帮助人在职业发展的道路上少走弯路。那么，如何才能设计出具有指导意义的职业规划呢？这里要遵循"四定"原则。

1．"定向"原则

"定向"原则即定方向。方向定错了，则南辕北辙，距离目标会越来越远，还要重新走回头路，将付出较大的代价。因此，职业生涯决策决不能犯"方向性错误"。

通常情况下，职业方向由本人所学的专业确定。但现实的情况是，很多人毕业后，并不能完全按照自己所学的专业来选择工作，有的甚至与原专业风马牛不相及，"学非所用""用非所学""专业不对口"的情况比比皆是。在这种情况下，就需要认真考虑，选择适合自己的职业岗位。有时为了就业，甚至要强制自己去"适合"并不喜欢的岗位，只要这种职业是社会紧缺的、急需的或有发展前景。有些大学生在学校里读了双学位，拿了几种职业等级证书，就业时就比别人多了几个机会，显得高人一等。

2．"定点"原则

"定点"原则即定地点，就是定职业发展的地点。比如有些人毕业后选择去南方，有些人选择到上海、沪宁一带发展，有人则选择去边疆、大西北，选择到祖国最需要的地方去，这都无可非议。俗话说"人各有志"。但我们应该综合多方面的因素考虑，不可一时冲动，心血来潮。比如有的人毕业去了南方，认为那里是改革开放的前沿，经济发达，薪资水平较高，但忽略了竞争激烈、观念差异、心理承受能力，甚至气候、水土等因素，结果时间不长又跳槽离开。如果一开始就选准方向，可以在一个地方围绕一个职业长期稳定发展，对自己的资历和经验都会有助益和长进。通过长时间的努力，有望成为某一领域的资深人士，岂不更为有利。频繁更换地点，今天在这儿，明天到那儿，对我们的职业生涯成长肯定弊多利少。

3. "定位"原则

"定位"原则即定位置。择业前要对自己的水平、能力、薪资期望、心理承受度做全面分析,做出较准确的定位。我们不可悲观,把自己定位过低,更不要高估自己,导致期望值过高。一旦不能如愿,我们的失望也就越大。如果我们刚毕业就被知名大公司选中,而且薪资福利不菲,当然是我们的运气。如果我们没有碰上这种好机遇,也无须气馁。我们不要过分在意公司的名气和薪资的高低,只要这家公司、这项专业岗位适合自己,是自己所向往和追求的,就应该去试一试,争取被录用。我们应确立从基层做起、从基础做起,逐步积累经验,循序渐进,谋求发展的思想理念。这对我们的一生都会有好处。

4. "定心"原则

"定心"原则即定心神。这是最重要的一点。如果心神不定、朝三暮四,就不能准确地"定向、定点、定位"。

二、制订职业生涯规划的步骤

在许多机构和专家眼里,似乎非得借助他们进行职业生涯规划。不可否认,这方面的研究必须有心理学等方面的知识和训练,而一个有基本人文素养的人,做职业生涯的规划则可使用一些简便易行的方法,如七步法。七步法用以下问题归零思考,即我是谁,我想做什么?我会做什么?环境支持或允许我做什么?我的优势是什么?我的弱势是什么?我的职业与生活规划是什么?

1. 我是谁?

对于第一个问题"我是谁?",应该对自己进行一次深刻地反思,有一个比较清醒的认识,优点和缺点都应该一一列出来。回答的要点是:面对自己,真实地写出每一个想到的答案;写完了再想想有没有遗漏,认为确实没有遗漏了,按重要性进行排序。

2. 我想干什么?

第二个问题"我想干什么?"是对自己职业发展的一个心理趋向的检查。每个人在不同阶段的兴趣和目标并不完全一致,有时甚至是完全对立的,但随着年龄和经历的增长而逐渐固定,并最终锁定自己的终生理想。可将思绪回溯到孩童时代,从人生初次萌生第一个想干什么的念头开始,然后随年龄的增长,回忆自己真心向往的事,并一一记录下来,写完后再想想有无遗漏,确实没有了,就认真地进行排序。

3. 我会做什么?

第三个问题"我能干什么?"则是对自己能力与潜力的全面总结,一个人职业的定位最根本的还要归结于他的能力,而他职业发展空间的大小则取决于自己的潜力。把确实证明的能力和自认为还可以开发出来的潜能都一一列出来,认为没有遗漏了,就认真地进行排序。

4. 环境支持或允许我干什么?

第四个问题"环境支持或允许我干什么?",这种环境支持在客观方面包括本地的各种状态,比如经济发展、人事政策、企业制度、职业空间等;在人为主观方面包括同事关系、领导态度、亲戚关系等,两个方面的因素应该综合起来看。有时我们在做职业选择时常常忽视主观方面的东西，没有将一切有利于自己发展的因素调动起来，从而影响了自己的职业切入点。环境，有本单位、本市、本省、本国和其他国家，自小向大，只要认为自己有可能借助的环境，都应在考虑范畴之内。在这些环境中，认真想想自己可能获得什么支持和允许，清楚后一一写下来，再按重要性排列一下。

5. 我的优势是什么？

第五个问题是分析"我的优势"。回答这个问题需要从以下几个方面考虑：第一，自己学了什么？在大学期间，自己从专业学习中获取了什么收益；在社会实践活动中提高与升华了哪方面的知识和能力。努力学习好专业课程是职业设计的重要前提。要注重学习，善于学习，同时要善于归纳、总结，把单纯的知识真正转化为能力，为自己日后工作多做准备。第二，自己曾经做过什么？包括自己在学校期间担当的学生任务，社会实践活动取得的成就及工作经验的积累等。要提高自己经历的丰富和突出性能，自己应该有针对性地选择与职业目标相一致的工作项目，坚持不懈地努力工作，这样才会使自己的经历有说服力。第三，自己最成功的是什么？自己做过的事情中最成功的是什么？是如何成功的？通过分析，可以发现自己的长处，如善于与人沟通、善于理解他人、擅长推理等，以此作为个人深层次挖掘的动力之源，形成职业设计的有力支撑。

6. 我的弱势

第六个问题是分析自己的弱势。回答这个问题需要注意分析自己性格的弱点是什么？安下心来，跟他人聊聊，看看别人眼中的自己是什么样子，与自己预想的是否一致，找出其中的偏差并进行弥补，这将有助于自我提高。经验或经历方面的欠缺并不可怕，怕的是自己还没有认识到。正确的态度是我们认真对待，善于发现，努力克服和提高。

7. 我的职业规划是什么？

明晰了前面六个问题，就会从各个问题中找到对实现有关职业目标有利和不利的条件，列出不利条件最少的、自己想做而且又能够做的职业目标，"我的职业规划是什么？"就有了最后答案。

要做好职业生涯规划就必须按照职业生涯设计的流程，认真做好每个环节。概括起来职业生涯设计主要有以下几个步骤：

1. 自我评价

自我评价就是要全面了解自己。一个有效的职业生涯设计必须是在充分且正确认识自身条件与相关环境的基础上进行的。要审视自己、认识自己、了解自己，做好自我评估，包括自己的兴趣、特长、性格、学识、技能、智商、情商、思维方式等。即要弄清自己想干什么、自己能干什么、自己应该干什么、在众多的职业面前自己会选择什么等问题。

2. 确立目标

确立目标是制订职业生涯规划的关键，目标通常有短期目标、中期目标、长期目标和人生目标之分。长远目标需要个人经过长期艰苦努力、不懈奋斗才有可能实现，确立长远目标时要立足现实，慎重选择，全面考虑，使之既有现实性又有前瞻性。短期目标更具体，对人的影响也更直接，也是长远目标的组成部分。

3. 环境评价

职业生涯规划还要充分认识与了解相关的环境，评估环境因素对自己职业生涯发展的影响，分析环境条件的特点和发展变化情况，把握环境因素的优势与限制，了解本专业、本行业的地位、形势以及发展趋势。

4. 职业定位

职业定位就是要为职业目标与自己的潜能以及主观条件、客观条件谋求最佳匹配。良好的职业定位是以自己的最佳才能、最优性格、最大兴趣、最有利的环境等信息为依据的。在职业定位过程中要考虑性格与职业的匹配、兴趣与职业的匹配、特长与职业的匹配、专业与职业的匹配等。职业定位应注意以下几点：① 依据客观现实，考虑个人与社会、单位的关系；② 比较鉴别，比较职业的条件、要求、性质与自身条件的匹配情况，选择条件更合适、更符合自己特长、更感兴趣、经过努力能很快胜任、有发展前途的职业；③ 扬长避短，我们要看主要方面，不要追求十全十美的职业；④ 审时度势，及时调整，我们要根据情况的变化及时调整择业目标，不能固执己见，一成不变。

5. 实施策略

实施策略就是要制订实现职业生涯目标的行动方案，要有具体的行为措施来保证。没有行动，职业目标只能是一种梦想。我们要制订周详的行动方案，更要注意去落实这一行动方案。

6. 评估与反馈

整个职业生涯规划要在实施中去检验，看效果如何，及时诊断职业生涯规划各个环节出现的问题，找出相应对策，对规划进行调整与完善。

由此可以看出，整个规划流程中正确的自我评价是最基础、最核心的环节，这一环做不好或出现偏差，就会导致整个职业生涯规划各个环节出现问题。

案例

"职场跳蚤"是人们针对职场一些人的表现最新发明出来的一个名词，很好地表现了这类人的通病。"职场跳蚤"就是指在求职的时候没给自己定好位，在很短的时间内不断地更换工作的人，所以，人们给这类人取了个形象的外号，叫"职场跳蚤"。

做技术员不自由，做管理太清闲，做销售太辛苦……小明大学毕业3年换了4个工作，现在，小明又跳槽了，可是在人才市场逛了一天，他却不知道自己该去哪里了。

2011年，小明毕业于辽宁一所高校的机械专业。校园招聘时，他顺利地被辽宁一家企业看中，每月底薪1 500元，加上加班工资，每月收入有2 000多元。这对于一个刚刚毕业的学生来说，还是不错的。可是整天和图纸打交道，还要经常加班，小明觉得太不自由了……

一天,他的一个师哥打电话说,他所在的那家公司最近一直在招聘物业主管,待遇条件都不错。经不起师哥的劝说,小明谢绝了辽宁老板的盛情挽留,来到南京一家房地产公司上班了。不到半年,小明发现所谓物业主管就是管理几名保安和保洁员,他觉得简直是在浪费自己的青春。

2012年春节回家,姐夫回家探亲,谈起工作时,小明唉声叹气。姐夫听了之后说:"年轻人干那些工作有什么意思?你应该出去闯一闯,搞销售才是锻炼自己、提高自己的最好途径,干脆和我一起跑销售好了。"于是小明跟着姐夫跳槽到一家医药公司做销售。刚开始他感觉销售挺好,可是三个月下来,没日没夜地跑,吃尽了白眼和苦头,最后算账时发现连自己吃饭、交通、打电话的费用都很难保证。小明不顾姐夫的反对,又来到了人才市场。就这样,小明和不少的同伴一样,3年换了4个地方,成了职业"跳蚤专家"。

【点评】

很明显,小明成为职业"跳蚤专家"的主要原因在于他职业定位的缺失。做好职业定位必须认真地进行职业生涯规划,要把个人发展与企业发展相结合,对决定个人职业生涯的个人因素、企业因素和社会因素等进行分析,制订自己在职业发展上的战略设想与计划安排。

上述案例告诉我们,当人们的行动有了明确目标,并能把自己的行动与目标不断地加以对照,进而清晰地知道自己的行进速度和与目标之间的距离,人们行动的动机就会得到强化和激励,就会朝着前面的目标全力以赴。而且,由于把大目标分解为多个容易达到的小目标,每前进一步,就实现了一个小目标,从而体验到成功的满足和喜悦,这种自豪与自我肯定的感觉,将刺激我们充分发挥自己的潜能去达到下一个目标。

一个人只有专注于自己的目标,才会成为某一行业的专业人才。我们也许会注意到,针尖虽然细不可见,剃刀或斧头的刀刃虽然薄如纸片,然而正是它们在披荆斩棘中起着决定性的开路先锋作用。如果没有针尖或刀刃,那么针或刀就无法发挥作用。在生活中能够克服艰难险阻,最后顺利达到巅峰成就的人,也必是那些在某一领域学有所专、研有所精,有着刀刃般锋利和锋芒的人。

日本有句谚语叫"滚石不生苔",是指不在一个地方稳定下来而一直四处乱转的话,就不会得到现实的收获。这里的"苔"指的是经验、资产、技巧、信用等。

一个人离开原来的工作转而从事新的工作,他的损失是相当大的,如多年来积累的资历、职位、经验和人际关系网络等,过去花费在这份工作上的时间成本可能变得全无用处了。另外,人都是有行为定式和心理惰性的,频繁地跳槽,不断地更换目标,会使自己的锐气逐渐消磨,使很多人缺乏面对新挑战的勇气和决心。

知识拓展

"未来的世界:方向比努力重要,能力比知识重要,健康比成绩重要,生活比文凭

第一章 制订职业生涯规划

重要,情商比智商重要!"——清华大学校长留给毕业生的一段话

1. 方向比努力重要

现在是讲究绩效的时代,公司、企业需要的是有能力且能与企业方向共同发展的人,而不是一味努力但却南辕北辙的人。自己适合哪些行业、哪些职业,有很多东西是先天决定的,只有充分地发掘自己的潜力,而不是总与自己的弱点对抗,才能出人头地。如果方向不对,再努力、再辛苦、我们也很难成为自己想成为的那种人。

2. 能力比知识重要

知识在一个人的构架里只是表象的东西,就相当于有些人可以在答卷上回答如何管理企业、如何解决棘手的问题、如何当好市长等,但是在现实面前,他们却显得毫无头绪、不知所措,他们总是在问为什么会是这种情况,应该是哪种情况等。他们的知识只是知识,而不能演化为能力,更不能通过能力来发掘他们的潜力。现在很多企业都在研究能力模型,从能力的角度来观察应聘者能否胜任岗位。当然,有能力不能和高绩效直接挂钩,能力的发挥也是在一定的机制、环境、工作内容与职责之内的,没有这些平台和环境,再强的能力也只能被尘封。

3. 健康比成绩重要

成绩只能代表过去,这是很多人已经认同的一句话。对于毕业后走入工作岗位的毕业生,学生阶段的成绩将成为永久的奖状贴在墙上,进入一个工作单位,就预示着新的竞赛和新的起跑线。没有健康的身心,如何应对变幻莫测的市场环境和人生变革,如何应对工作压力和个人成就欲望的矛盾?在现代社会,拥有强健的身体已经不是最重要的,而健康的心理越来越被提上日程,处理复杂的人际关系、承受挫折与痛苦、缓解压力与抑郁,这些都将成为工薪族乃至学生常常面对的问题。为了防止英年早逝、过劳死,我们应多注意身体和心理的健康投资。

4. 生活比文凭重要

曾经有一个故事,说有个记者问放羊的小孩,为什么放羊?答:为了挣钱。挣钱干啥?答:盖房子。盖房子干啥?答:娶媳妇。娶媳妇干啥?答:生孩子。生孩子干啥?答:放羊!

中国人民大学一个教授讲授管理学基础课时,他说学生虽然都是研究生,但很多人本质上还是农民!大家惊愕,窃窃私语。他说:"你们为什么读研究生,很多人是不是想找个好工作,找好工作是为了什么,为了找个好老婆,然后生孩子,为了孩子的前途更好,这些不就是农民的朴素想法吗?哪个农民不希望自己的子女比自己更好?说说你们很多人是不是农民思想,什么时候,你能突破这种思维模式,你就超脱了。当这个社会看重文凭的时候,假文凭就成为一种产业,即使是很有能力的人,也不得不弄个文凭,给自己脸上贴点金。比起生活,文凭还重要吗?很多人找女朋友或者男朋友,把学历当作指标之一,既希望对方能够给他/她伴侣的温暖与浪漫,又希望他/她知识丰富、学历相当或更高,在事业上能蒸蒸日上;我想说,你找的是伴侣,不是合作伙伴,更不是同事,生活就是生活,这个人适合你,即使你是博士,他/她斗大字不识一个,那也无所谓,适合就会和谐融洽,人比文凭更重要。很多成功的人在回头的时候都说自己太关注工作和事业了,最遗憾的是没有好好陪陪父母、爱人、孩子,往往还伤心落泪,何

必呢，早意识到这些，多给生活一些空间和时间就可以了。我们没有必要活得那么累。"

5. 情商比智商重要

在21世纪，情商将成为成功领导中最重要的因素之一。比如在许多员工和自己的亲人因袭击而丧生的时刻，某公司CEO让自己镇定下来，把遭受痛苦的员工召集到一起，说："我们今天不用上班，就在这里一起缅怀我们的亲人，并一一慰问他们和亲属。"在那一个充满阴云的日子，他用自己的实际行动帮助了自己和他的员工，让他们承受了悲痛，并把悲痛转化为努力工作的热情，在许多企业经营亏损的情况下，他们公司的营业额却成倍上涨，这就是情商领导的力量，是融合了自我情绪控制、高度忍耐、高度人际责任感的艺术。曾经有个记者刁难一位企业家："听说您大学时某门课重考了很多次还没有通过。"这位企业家平静地回答："我羡慕聪明的人，那些聪明的人可以成为科学家、工程师、律师等，而我们这些愚笨的可怜虫只能管理他们。"要成为成功者，不一定智商高才可以获得成功的机会，如果我们情商高，懂得如何去发掘自己身边的资源，甚至利用有限的资源拓展新的天地，滚雪球似的积累自己的资源，那我们也将走向成功。

在世界上能出人头地的人，都能够主动寻找他们要的时势，若找不到，他们就自己创造出来。

趣味测试

测测你对未来的态度

走在路上，你看到有钥匙遗落在地上，你觉得是

A. 一大串钥匙　　B. 两三把钥匙　　C. 只有一把钥匙

【测试结果】

A. 你对未来有无限憧憬，对于生活，你认为就像一扇正要打开的窗子，有诸多可供想象的可能，但未免流于好高骛远、眼高手低的下场，你应当按部就班去着手实现你的目标。

B. 你眼前正面临着岔路口，有一个以上的目标，正彷徨着不知该先朝哪一条路迈进，建议你多听听前辈的宝贵看法与人生经验，再做定夺。

C. 你是个对未来方向十分明确的有志之士，既然决定了目标，就勇往直前，别停滞却步。

能力训练

访问事业有成的校友，了解他们踏上社会参加工作的切身体会，了解他们面对困难时采取的态度。访谈后，和同学们进行交流，并据此调整自己职业生涯规划。

第二章 就业指导与能力训练

第一节 求职择业准备

做好求职择业的准备工作是成功求职的重中之重,大学生要根据实际情况和自身条件,合理地进行求职择业的准备,主要从观念、心理、知识、能力、信息、材料、个人形象等方面做好准备。

一、观念准备

大学生的就业观念准备,将影响学生的择业取向、择业过程中知识与能力的展示等,观念准备是求职择业准备工作的首要部分。

(一) 竞争就业观

目前,大学生就业压力大,树立正确的就业观,才能合理择业。

第一,要有竞争意识。全国每年有数百万的高校毕业生就业,2016年大学毕业生达760万人,再加上往年未就业和国外留学归国就业的大学生,将有1 000万大学生同时就业,就业市场的压力可想而知。同一个岗位会有很多求职者,若想获得工作,唯有竞争。缺乏竞争意识,难以顺利就业、理想就业。

第二,要培养竞争实力。竞争实力是综合素质的体现,包括思想素质、心理素质、知识结构、能力水平、实践技能、应聘技巧等,是个人竞争的"资本"。所以,大学生要练好"内功",凭借实力赢得用人单位的肯定。

第三,要保持良好的竞争心态。参与就业竞争的大学毕业生,要保持良好的就业心态,增强接受失败的心理承受能力。当就业受挫时,应积极设法寻求新的机遇,努力争取下一次就业竞争的成功,逐步实现自己的职业理想。

(二) 自主就业观

大学生要主动求职择业,通过多渠道获取就业信息,经过信息遴选确定应聘单位,做好材料准备,积极应聘。大学生要态度积极,不要放过任何一个适合自己的机会。

（三）动态就业观

就业是一个动态过程，就业也可能失业，面临再就业。通过合理流动，找到最适合自己的工作，发现最能施展自己才华的岗位。因此，大学生要树立动态的就业观，积极参与竞争，实现自己的人生价值。

二、心理准备

心理准备是求职择业过程中重要的准备工作，心理准备的效果直接影响求职择业过程中个人水平的发挥。心理素质的强弱是求职者在面试中成败的关键性因素之一。在求职择业的过程中，我们要面对陌生的环境、陌生的人及未知的问题，难免会觉得不安、惶恐和焦虑。这时，只有具备健康的择业心理，才能应付自如。因此，面试前要保持一个良好心态，既不能妄自菲薄，也不能自高自大，要充满自信，迎接面试的挑战。

（一）认识并接受社会现实

毕业生要在求职择业前从宏观上了解国家的有关政策，了解正在实施中的改革措施及存在的问题；从微观上了解自己的专业、相关的用人单位及岗位要求。要客观看待问题，不能只是研究、评价、批评、指手画脚，而是接纳和适应社会现实。

（二）职业期望恰如其分

良好的择业心理要有恰如其分的职业期望，期望水平越高，实现起来越难，失败的可能性就越大。所以，确定适合自己的期望水平是择业心理准备的重要内容。通常有以下几个因素影响求职择业期望水平。

第一个因素是择业目标的适当性。一个人的择业目标要与本人具备的实力相当或者接近，这样就会增强择业目标实现的可能性。

第二个因素是社会压力和从众心理。毕业生处在择业的洪流中，他的期望水平会受到其他择业者期望水平的影响。虚荣心和侥幸心理会使他们改变原有的自我期望而采取不切实际的从众行为。

第三个因素是择业者妄自菲薄和夜郎自大的情绪。妄自菲薄是典型的自卑情绪，这种情绪往往导致期望水平高或过低。期望水平过高者是想通过求职改变处境；期望水平过低者放弃择业的自主权，听天由命。夜郎自大是典型的清高自傲情绪，这种情绪往往导致期望水平居高不下，屡战屡败，最后筋疲力尽，失去了最佳时机，甚至放弃了谋职择业的主动权。

第四个因素是要有良好的心理承受力和忍耐力。求职择业的过程不是一帆风顺的，择业者有时候投师无门，择业无路，择业过程非常漫长。在这种情况下，择业者要有一定的承受能力和忍耐力。常言道：镇定是力量的源泉，急躁是无能的表现。第一步是临危不乱，遇难不退，用镇定去承受，赢得时间，用忍耐去争取机会。

（三）对待失败的心理准备

挫折是指一个人从事有目的的活动，由于受到障碍而使目的无法实现，需要无法满足时产生的一种较持久的、消极的紧张情绪。毕业生初出茅庐，社会知识匮乏，社会经验不足，求职技巧生疏，受挫折是很正常的。大学生要认识挫折，寻找战胜挫折的方法。首先，在努力提高求职竞争力的同时，也要合理地认识自己取得的成绩；其次，力争得到他人的支持和帮助。

三、知识和能力准备

知识准备和能力准备是求职择业的硬件准备，也是大学生对自身条件的准备，同时，知识和能力也是用人单位选择人才的重要依据。认真做好求职择业的知识和能力准备，加强自身硬件条件的建设，是求职择业的重要筹码和依据。

（一）知识准备

知识是用人单位选拔人才的重要因素。对于大学生来说，知识准备可以从专业知识和非专业知识两个方面着手。

1. 专业知识的准备

大学生的专业知识是大学生求职择业的最大资本。大学生通过大学期间的学习，掌握了相关的、系统的专业知识和一定的专业技能，基本成为某个专业的人才。对于用人单位来说，在选择优秀大学生的时候，专业的"专"是用人单位所考虑的重要内容。所谓"专"，就是指专业知识有相当的深度，有良好的基础，所以，大学生应该从进校起就努力学好专业知识，既要提高自己的实践技能，还要不断学习本行业的最新知识。

2. 非专业知识的准备

非专业知识是对于大学生所学专业知识以外的其他知识的统称。非专业知识包括公共知识、生活常识、社交礼仪、求职面试技巧等，它也是用人单位选人的重要依据。

（二）能力准备

能力是指能够直接影响活动效率，使活动顺利完成的个性心理特征。在大学生各项素质中，能力是用人单位最看重的，也是决定求职能否成功的重要因素。大学生应具有以下几种能力：实践能力、沟通能力、表达能力、逻辑思维能力、决策能力、应变能力等。

1. 实践能力的准备

大学生的实践能力直接影响到工作能否顺利完成，因此，用人单位一般对大学生的实践能力有较高要求，一些眼高手低、只有知识而没有实践的应聘者是不受用人单位欢迎的。

大学生应该创造并珍惜每一次实践的机会，多看、多学、多练、多思考，培养自己的实践能力。实践能力的培养可以有多种途径，如可以从事社会兼职活动、多参加实习活动和技能培训、考取相关职业资格证书等，拓宽就业渠道，提高实践能力。

2. 沟通能力的准备

沟通大致可分为语言沟通和非语言沟通两大类。其中语言沟通是主要的方式，包括口头语言沟通和书面语言沟通；非语言沟通包括衣着、表情、神态、姿态、动作、距离等，非语言沟通也常被称为身体语言。影响沟通能力的主要因素有语言的使用、心理状态、观念的差别、角色的错位、沟通的环境及沟通的方式等。

沟通能力在就业活动中起着重要的作用，因此，大学生应该重视沟通能力的培养，提高沟通效能，应从以下几个方面入手：一是要站在对方的角度考虑问题，这是有效沟通的前提；二是要了解、掌握对方的情况，做到心中有数；三是要提高语言能力，争取熟练使用语言这个沟通工具；四是要注意非语言沟通，它有时会取得意想不到的效果；五是要用合理的沟通方式，对于同级层的人员，最好采取横向方式沟通，对于有上下级隶属关系和等级差别的人员，最好采取纵向沟通方式。

3. 表达能力的准备

表达能力包括语言表达能力和文字表达能力。语言和文字是人与人之间最主要的交流工具，在日常学习、工作和生活中的作用无可替代。所以，表达能力是用人单位重要的考核内容。一般来说，用人单位对大学生表达能力的基本要求是能用准确、流畅的语言讲述事实，表达观点，能够撰写计划、总结、调查报告、公函等文书。对于表达能力，大学生应根据自身的具体状况，有针对性地进行准备。

4. 逻辑思维能力的准备

逻辑思维能力是指正确、合理思考的能力。即对事物进行观察、比较、分析、综合、抽象、概括、判断、推理，采用科学的逻辑方法，准确而有条理地表达自己思维过程的能力。用人单位经常会考查应聘者的逻辑思维能力。这种考查不是考核逻辑专业知识，而是考核应聘者对各种信息的理解、判断、分析、综合、推理等日常工作和生活的逻辑思维能力。即使有些大学生不具备相关的专业知识，但仍然有较强的日常逻辑思维能力和运用能力。逻辑思维能力的考查通常以笔试的形式出现，毕业生应该有所准备。

5. 决策能力的准备

决策能力就是独立处理问题的能力，因为一个独立处理问题的过程其实就是一个决策的过程。良好的决策能力对于处理问题非常重要，在就业活动中，决策能力往往也是用人单位要考查应聘者的一个方面。

大学生的决策能力涉及个人的知识、性格等多个方面，一般来说，短期内有明显提高比较困难。下面是一些决策的流程和方法。

（1）决策的流程。决策是指为实现一定的目标或解决一定的问题而制订行动方案并优化选择的过程。对于一个特定的问题，决策一般包括以下环节：

第一，问题分析。这是决策的第一步，也是决策的前提，只有对问题进行了正确的分析，才可以进行方案的拟定和最后的决策。

第二，目标确立。目标指的是确定最后希望达到的效果。有了目标，决策活动才有了方向。

第三，方案拟订。同一目标的实现往往不只有一种方案，通过对不同途径和步骤的排列与组合，可以拟订数种行动备选方案。

第四，方案评估。对备选行动方案的可行性后果进行综合分析与比较，权衡每一个方案的利弊得失。

第五，方案选择。从备选的行动方案中选定最后要执行的方案。

（2）决策的方法。这里简单介绍三种决策的方法。

第一种，排列组合法。排列组合法是指将工作任务分解成数个阶段逐步完成，再针对每一个阶段设计数种解决方案，然后将阶段和阶段解决方案进行排列组合，从中选择最优方案实施。此方法比较适合一些可以分阶段完成的任务，但是比较烦琐。

第二种，方案排除法。方案排除法是指排除一些不合理的选项，逐步减少方案，最后在剩余的少数方案中选择。如在选择用人单位时，大学生可以从地域、行业、职业、薪酬等方面将不适合、不理想的用人单位排除，从而确定准备进一步联系的用人单位。此方法适合具有平行性、多属性的任务，方法简单，而且选择结果的满意度较高。

第三种，角色互换法。角色互换法是指站在另一个角度（尤其是对方立场）进行思考。这种方法是对正常决策思维的补充，而且在有对方（反对者）时能够起到一定的协调作用。比如应聘者站在用人单位的角度审视自己。

6. 应变能力的准备

应变能力也可以理解为处理突发事件的能力。在紧急情况下，如果事态得不到迅速控制，后果可能不堪设想。这就要求应对者具有一定的应变能力，要临危不乱和快速决断。在就业活动中，部分单位由于工作需要，也针对应变能力提一些问题，或设计一些和应变能力有关的场景，大学生对此也应该给予必要的关注。下面介绍一些处理紧急事件的常规方法及步骤，供大学生参考。

第一，迅速控制事态源头。事件的突发性意味着没有过多的时间用于事前准备。我们要快速介入，稳住事态，防止事态向不好的方向继续发展，尽量将其影响控制在源头处。

第二，打破常规，积极应对。对于按常规操作难以解决的问题，可以尝试打破常规思维，采取非常规方法进行应对，这样往往能够获得立竿见影的效果。但是，这也要承担一定的风险。应对者应该权衡利弊，快速决断。

第三，处理好善后。及时总结经验教训，平时多进行一些预防性的准备，对提高应变能力也有所帮助。

小资料

俞敏洪谈大学生就业

我通常不鼓励大学生在本科的时候就开始创业，除非你的创业不用花太多的钱，或者有别人不可模仿的专利。为什么呢？因为创业的背后总有创业者的一个信念，那就是想成功。而统计数据显示，大学生由于没有工作经验，欠缺与社会打交道的能力，所以直接创业成功的比例相当低。在大学生创业的企业中，大约只有5%能够生存下来，真正成大器的连1%都不到。所以，我比较主张大学生毕业后先在能学到经验的机构工作几年，使自己的个性和人际交往能力更加成熟，使自己的技术更加熟练，然后再去创业，这样成功的比例可能就高一点。我自己创业之前就曾在北大工作了七年，而且从北大出来以后还在别的培训机构工作了两年，之后才创立了新东方。当然，每个人的领域不一样，情况也有所不同。但总的来说，如果你想稳妥地创业，积累经验还是非常重要的。一个能够放下自己身价的人通常将来也能走得更远，因为心态决定了结果。就就业心态和就业准备而言，我觉得大学生应该做到以下四点。

第一，为大学划定阶段和目标。进入大学后的前两年是准备和储备阶段。由于之前高考太辛苦，让人变成了"非人"状态，所以在大学的一年级、二年级，你应该从心理上把自己还原成轻松状态，在把功课学得比较好的情况下，尽可能生活得轻松一点，把知识学得广泛一点，这是一个综合素质的准备阶段。真正的就业准备是从大学三年级开始的。就找工作而言，大学三年级和四年级这两年要做的最重要的一件事是搞清楚你毕业以后找工作的主要方向是什么。

第二，增加通用技能的准备。所谓通用技能，就是指英语、计算机操作等技能，这是你到任何一个单位工作都必须用到的技能。

第三，积累实践经验。实践经验对于任何一份工作来说都是很重要的。美国大学生上大学期间一定要出去实践，而且不一定拿工资。你如果到新东方来实践，即便是管理一个月的教室，那也算是工作经验，至少你知道了工作是怎么回事。更重要的是，如果你真的干得很好，你走的时候老板会给你写一封推荐信，这对你未来找工作一定是有好处的。所以，在大学三年级、四年级寒暑假里，大学生一定要找机会去实习，在实践中累积经验。

第四，学会与人打交道。与人打交道就从与你的同学相处做起。与人打交道时，最重要的心态是分享心态。中国的一些独生子女比较自私，什么东西都要独享，跟别人从感情上到物质上的平等交往能力比较缺乏。我举个例子来说明什么叫平等交往和分享心态。比如，你有六个苹果，有两个处理这些苹果的选择。第一个选择是到树林里把这六个苹果全部吃完，然后再回宿舍，别人谁也不知道你有六个苹果。表面上看，你得到了全部的六个苹果，但实际上你失去了用六个苹果跟别人去交换无穷资源的可能性。第二个选择是你自己吃一个苹果，把另外五个带回宿舍，分给你宿舍里的其他五个同学。表面上看，你失去了五个苹果，但实际上你得到了五个同学的认可和好感，你们开始了感情交往和互相帮助，最后的结果是你换回来的无形资源比你五个苹果的有形价值要大出不知多少倍！这就是整体上的社会交往原则。你记住，这个原则将无往而不胜：在大学跟同学分享，到了单位跟同事分享，创业时跟合作伙伴分享。分享原则会使你成为最受欢迎的人，也自然会为你赢得更多的尊重和支持，最终助你走向成功。

最后再补充一点。在我个人看来，一个人要找到好工作需要具备两个要素：过硬的专业知识和综合素质。专业知识的获得相对简单，我主要来说说综合素质。在我心目中，有五种素质非常重要。第一是诚恳和诚信。这意味着你这个人不但要看上去可靠，而且行动上也可靠。第二是踏实。诚恳和诚信不意味着踏实，我发现很多大学生很诚恳，并且有诚信，但做事却很浮躁。要知道，任何时候，重任都不会交到浮躁的人手里。第三是沟通能力。一个人不但要有才能，还要有良好的沟通能力，这样才能与团队成员和谐相处。第四是创新能力。你得能够提出新思想、新主意，让大家感觉到你想到的东西有价值,而且别人都没想到,这样你的职位就会得以提升。第五是无私。为什么无私放在最后?因为我觉得每个人都有私心,关键是要把私心限制在大家可以接受的范围之内,同时最好通过利他的方式表现出来。

如果把上述这些时刻放在脑中,我相信你不仅会如愿就业,而且会在未来的事业道路上勇往直前,取得成功。

(1) 自学能力,如阅读、使用工具书、利用文献信息资料、独立思考等方面的能力;

(2) 表达能力,主要有口头的和书面的表达能力、图表和数字的表达能力;

(3) 环境适应能力,如独立生活、人际交往、应付挫折、独立工作等能力;

(4) 创造能力,如从事科研活动、提出新见解、新发明等;

(5) 自我教育能力,如自我评价、自我监督、自我管理等;

(6) 管理能力,即人的管理和技术的管理等;

(7) 动手能力。

四、就业信息准备

(1) 获取就业信息的方法:包括行业优先法、地域优先法、志趣优先法、网络获取法。

(2) 就业信息的获取渠道:包括学校推荐、各地人才市场及就业招聘会、互联网、新闻媒体、各种社会关系、实习实训单位、中介机构等。

(3) 了解应聘企业信息。"知己知彼,百战不殆",在面试前应收集面试单位的资料,如单位的规模、性质、开办年月、产品项目、年营业额、人事制度、企业文化、在行业中的排名等,在面试中适时应用会得到企业的关注。现在各单位都有自己的网站,信息收集方便快捷,很容易将自己打造成一个用人单位的"内部员工",使求职者面试的成功率增高。

(4) 了解求职岗位信息。面试前,毕业生应对求职岗位信息有一定的了解,如岗位名称、任职条件、工作内容、基本工作流程及岗位对能力的要求,可有针对性地回答问题。

五、材料准备

大学生求职择业的材料准备是非常重要的,其材料主要是在自荐的过程中使用,所以也称自荐材料。自荐材料主要有两种,一是介绍性材料,二是证明性材料,介绍性材料包括求职简历、自荐信,证明性材料包括各种证书及其复印件。

(一) 材料准备的原则

一般来说,自荐材料的准备应遵循以下几项原则:

(1) 直指目标的原则。毕业生准备自荐材料的目的很明确,就是就业。所以在准备自荐材料的时候必须紧扣就业主题,凡是有利于就业的各种材料,各种组织编写的方法都可以加以运用,准备材料的时候要注意突出目标,一些修饰性信息使用要得当,修饰性信息一定不要影响主要的信息。

（2）企业需要的原则。自荐材料应根据大致的就业意向、行业、岗位或单位特点进行撰写。要做到有针对性，做到知己知彼，针对不同情况分别写出的自荐材料最适宜。否则，即使再好的自荐材料，也没有过多的实用价值。

（3）灵活多变的原则。为每一个招聘单位准备一份自荐材料既没有必要也绝无可能。只要把能代表自己真才实学、能力、素质和水平的情况体现出来，只要需要，无论什么样的企业都会选中自己，而不必在材料上反复组织和取舍。这就要求毕业生在准备自荐材料的时候，要想办法增加材料的普适性，以求随机应变。

（4）实事求是的原则。诚信是毕业生立足社会之根本，自荐材料的真实性是求职者的生命线。一旦被发现弄虚作假，就会丧失理想的就业机会，即便参加了工作，上司也不会轻易委以重任。自荐材料属于实用说明文，就业目的明确，切不可过分追求文笔超脱、言辞华丽，以致本末倒置，使结果适得其反。所以，自荐材料的信息一定要真实、具体，不能弄虚作假，也不能模糊不清。

（5）与众不同的原则。自荐材料从形式到内容，皆是求职者创造性和想象力的展示，要充分展示自己的个性特征，使自己的自荐材料具有他人不可取代的独特性。一些用人单位常常被这些创造性强、独具匠心的自荐材料所吸引，才决心进行面试和录用。自荐材料虽然要体现独具匠心，但不要太花哨，以庄重、朴实为宜。

(二) 个人简历的准备

个人简历是概括毕业生个人基本情况，包括毕业生学习、生活、工作经历、职业技能、实践经历、成绩、求职意向的概括总结。个人简历要让用人单位全面了解自己，从而为自己创造面试的机会。个人简历是自荐材料中最重要的部分。个人简历通常包括以下几个基本要素：

（1）个人基本资料：包括姓名、性别、籍贯、出生日期、毕业院校、专业、学历、联系方式（电话、微信、QQ、电子邮箱、通讯地址）、业余爱好、特长、健康状况等。

（2）教育和工作经历：按照由高到低的学历顺序列出受教育的经历，突出自己的最高学历。如列出院校、专业、学历、担任的职务等。

（3）所学课程：包括所学的主要专业和基础课。

（4）所获奖励：获得的各类奖励，包括奖助学金和各种荣誉，写出获奖时间、获奖级别、获奖的名称。

（5）实践经历：这是简历的主体部分，主要是指参加的实习实训、社会实践、参加的社团活动等，写出时间和具体实践活动，精炼概括实践收获。

（6）职业技能：获得的职业资格证书。

（7）自我评价：本人对自己的性格、能力、态度进行评价。

（8）求职目标：表达求职者的愿望，要写明求职的岗位或职位。

撰写求职简历的三条原则如下：

第一条原则是围绕一个求职目标。

第二条原则是把简历看作一份推销自己的广告。

第三条原则是陈述有利信息，争取成功机会，避免单位在对简历进行筛选时遭到淘汰。

优秀简历的撰写要点如下：

第一，内容简洁，突出成绩。一般以一页为宜，如果要强调相关的工作经历，最好不要超过两页。要突出与所求职位相关的经验和技能，对其主要的内容进行介绍。

第二，语言精练，措辞明确。

第三，美观艺术，制作规范。

个人简历常见的缺点包括：制作粗糙；篇幅过长或过短；语言不通顺或表意不清楚；过于谦卑或过于夸张；结构不合理，层次不清晰；重点不突出；内容虚假，有失诚信。

求 职 简 历

姓名		性别		照片
出生年月		健康状况		
民族		家庭地址		
最高学历		专业		
政治面貌		身高		视力	
电子邮箱或 QQ 号			联系电话		
个人爱好和特长					
本人简历					
主要课程	1. 基础课： 2. 专业课：				
职业技能					
实践经历					
获奖情况					
自我评价					
求职意向					

（三）求职信的准备

写求职信是目前毕业生求职择业常用的重要手段，因为毕业生与用人单位的初次接触往往是通过书面求职材料而发生的。用人单位经过对众多求职者的书面材料的比较、筛选，才能确定哪些人可以参加面试。因此，写好求职信至关重要，它是求职择业的重要环节，毕业生应该给予足够的重视。求职信大多由开头、主体、结尾三部分组成。

开头部分主要写清楚求职的缘由和目的。通常，自荐信不论是针对报刊上的招聘广告、朋友推荐还是人才交流中心的信息，都要写明招聘信息的来源以及本人的应聘理由。开头的形式一般有以下几种：一是概括性开头，用一句话概括自己具备的最重要的求职资格和工作能力，并简要说明这些资格和能力为何能最好地满足目标工作的需要；二是提名式开头，提及一个建议自己去申请目标工作且为目标单位所熟知和尊崇的人的名字；三是提问式开头，针对目标单位的困难、需要和目标提出一个问题，然后表明自己真诚地希望能帮助他们克服困难，满足需要，实现目标；四是赞扬式开头，赞扬目标单位近期取得的显著成就或发生的重要变化，然后表明自己渴望为其效力。

主体部分是自荐信的重点，它是求职者的个人资料，属于自传体的题材，包括个人一般情况、专业、特长、爱好经验等，具体而言以下几个方面：第一，个人的基本情况，包括姓名、年龄、学历、职务、政治面貌、学校、专业等；第二，本人的学习、工作经历与成绩，重点突出与求职相关的经历，让用人单位感到与其招聘条件相吻合；第三，本人的专长、技能、兴趣、性格的介绍要恰如其分，尽可能使你的专长、兴趣、性格与你所谋求的职业特点、要求相吻合；第四，应聘的简短理由，主要指本人对应聘单位的兴趣与要求。

结尾部分主要有两项内容：一是希望并请求招聘单位给予面谈的机会，内容应写得具体、简明，语气要热情、诚恳、有礼貌；二是要附上证明材料，包括推荐人的姓名与地址，本人其他有关资料文件，如毕业证书、学位证书、获奖证书、学校的推荐书、履历表及必要的证明材料。

在写求职信的时候，要注意的问题包括态度问题、写作问题及避免有引起反感的内容。一是态度问题。态度问题是影响求职信功效的大问题，一般来说，态度问题包括：

过分自信、自高自大。不少毕业生在求职信中常流露出这样一种思想，就是认为只要学习成绩好，出身名牌大学，便是一个够格称职的候选人。实际上许多公司再三指出，不但要德、智、体全面发展，品学兼优，而且要有多方面的经验和才能。因此，过分自信，自高自大，不仅不符合实际，还会招致招聘者的反感。

不够自信、过于谦虚。谦虚虽然是美德，可是在写求职信时却没有必要表现这种美德。求职者应该在信中强调自己的长处。如果你不可避免地要在信中说明你的缺点，也没有必要那么直接。

推理不当、主观臆断。许多毕业生为了取悦招聘人员，再三强调自己的学习成绩，保证自己会努力工作成为优秀职员，有的人还三番五次说明自己对所求职业的兴趣，实际上这些人都犯了一个重大的推断错误，就是认为只要成绩好、愿望好、热情高，便可以成为一个理想的职员，而不知道能力与经验的重要。

语气过于主观。招聘的人大多喜欢待人处事比较实在与客观的人，所以在信中要尽量少用"我觉得""我看""我想"等字眼来说明观点，尤其不要重复用"我非常希望""我真的喜欢"之类的强调语气。

二是写作问题。写作问题也是求职信的大忌，写作问题包括：

措辞不当。措辞不当的例子比比皆是。例如"你知道有我这样的人应聘，势必大喜过望""这种职业对我来说简直是难以抵挡的诱惑"。如果认真一点，这些不妥之处是完全可以避免的。

语言问题。平时我们与朋友熟人交谈时，习惯简称自己的学校、系所、专业，但在求职信中是要避免的。例如"人大""国经""劳人院"等。这样做，一方面招聘者不甚明了，另一方面会觉得你不稳重。还有，一定不要英汉互用，这样做会给人一种卖弄的感觉。

美观问题。如语法不通、文字错误、语句冗长等问题。

三是引起反感的内容。加入引起反感的内容等于是在求职信的"脸"上抹黑，有画蛇添足之嫌，包括：

给对方限定时间。如"本人于某月某日要赴外地实习，敬请贵经理某月某日前复信为盼"，表面上看，文字相当客气，可是客气之中，却为对方限定时间，容易使人反感。

为对方规定义务。如"本人仅以最诚挚的心情，应聘贵公司的业务员，盼望获得公司的尊重和考虑"，这样的说法似乎是说：你如果不聘用我，就是对我的不尊重。这样的语句，对方是难以接受的。

以上压下的口气。如"贵公司总经理某先生要我直接写信给您"或"某长很关心我的求职问题，特让我写信找你"。收信人看后可能会这样想：既然总经理（某长）有意，你还写信给我干什么，真是多此一举。

对招聘公司施压的态度。如"现有几家公司欲聘我，所以请你们从速答复我"。这样用别的单位来给招聘的这家公司施压，往往会激怒对方，将你的来信直接扔进垃圾箱。

所以类似上述容易引起反感的话千万不能写，还是以老老实实、谦虚谨慎的态度去求职为好。

那么，如何写好一封求职信呢？以下的一些建议可以供求职者参考。

第一，表示了解。信中尽可能表现出你对所求职位、部门或行业的熟悉。如果你和所求单位有过接触，哪怕是你的一位朋友有过接触，也要在信中说明，这样招聘人就会认为你对他们的单位已有所了解。因此，如果有可能的话，最好先做些调查，问问有关的知情人，了解诸如规模、效益和社会声望等方面的情况。

第二，学会解释。如果简历中存在或招聘单位知道某些对你求职不利的客观事实，应解释一下，这样会有助于你顺利求职。

第三，结合专业。事先要掌握大量的招聘信息，要了解哪些部门与单位需要你所学的专业。只有这样，你才会有目的地去写信，有针对性地去发信，命中率才会高。

第四，实事求是。要坚持实事求是的原则，要正确介绍自己。不讲大话和假话，不要过高地宣扬自己,也不必将自己各方面能力讲得平平,这都不利于自荐和用人单位的挑选,最好的方法是用成就和事实代替华而不实的修饰语,恰如其分地介绍自己。

第五,突出重点。自荐信切忌篇幅过长。相反,如果自荐信过短,既说不清问题,又容易给对方不严肃、不认真的感觉。一般说来,自荐信以一千字左右为宜,以2~3页为好。在这有限的篇幅内,一定要突出重点,有针对性,或针对某一单位的某一人,或针对某一单位的某一职位而求职,效果更好。

第六,全面检查。寄信之前若能对下列项目进行检查,会更有利于你的求职。首先,联系方式方面,检查信封是否标准,地址与落款是否清楚,收信人的姓名、职位或称呼是否正确,是否署名并告诉了对方反馈信息的地址、电话,是否写上了自己的兴趣爱好,是否写明了可以见面的时间与联系方法;其次,内容方面,检查是否写清楚了自己所要说明的内容,是否提供了证明自己符合有关条件与资格的数据资料,是否提及工资方面的要求,是否说明附有简历;最后,技巧方面,检查信中语气是否显示出了自己的自信而并非吹嘘,是否避免了使用专业术语,是否回避了个人的弱点,是否在求职信结尾部分暗示或明确表明了自己的希望,信的内容是否简短而有说服力,是否留有副本以供面试时参考,是否把求职信给朋友或有经验的人看过并征求意见,是否记下了发信的日期以便及时询问。

(四) 证明性材料的准备

除了个人简历、求职信之外,有的单位还要求提供其他材料。一般来说,这些证明性材料,主要有:学历学位证书、学习成绩单、计算机水平证书、外语证书、荣誉证书的复印件;成果证明材料,如获得的发明专利证书或正在申请的专利材料,在报纸杂志上发表的文章、论文、出版的专著或读物,有一定价值的调查报告,以及参与并完成教师科研工作的证明材料等;足以证明自己具备某方面素质和能力的资格证书或其他材料的复印件。

六、个人形象设计准备

个人形象是一个人仪容、表情、举止、服饰、谈吐、修养的综合体现。要想在面试时给人留下良好的印象,依靠的绝不仅仅是偶然的缘分,也不仅仅是刻意的模仿,更重要的是应内外兼修,且应注重个人内在的品位。

(一) 设计自我形象

面试时的个人形象设计要根据应聘职业岗位的特征,选择适合的形象,要与社会文化保持一致,反之,就会被排斥。

(二) 穿着朴素简洁、大方得体

在求职面试活动中,恰当的服饰会给人留下良好的第一印象。一个人无论以什么身份在社会上活动,在服饰方面都要有起码的要求,即得体、整洁。所谓得体,是指人们应根据自己的身材,选择最合适的服装。服饰选择要与场合、环境、季节以及自己的角色相统一。整洁是着装服饰很重要的一点，穿衣整洁卫生、干净利索，能给人以精干、文明的印象。大学生求职面试时，在服饰方面要注意朴素大方、庄重整洁，着重突出职业特点，同时要符合社会大众的审美观，不要穿奇装异服，不能摆阔气，尽量不要穿戴奢侈品。

（三）行为规范

（1）站姿，即站立的姿势。站立时，要挺胸收腹抬头，双目平视，身体立直，两肩舒展，双臂自然下垂，两手可交叉在腹前，也可以将右手放在左手上。但切忌站立时东倒西歪或躬腰驼背。

（2）坐姿，即坐着的姿势。入座时，动作要轻盈、和缓、平稳、从容；切忌慌张或用力。入座后，坐姿要端正，上身挺直，两腿并拢，双手自然放在膝上，显得沉稳大方，不要前俯后仰或跷"二郎腿"，更不要抖动跷起的脚。起身时，动作要轻松，不要猛地一下站起来。

（3）走姿，即行走的姿势。走姿往往可以显示出一个人的身体状况、精神风貌和性格。行走时应抬头挺胸，两眼平视，自然摆动双臂。

"言为心声，行为心表。"美好的行为是美丽心灵的表现。要做一个成功者，就应规范自己的言谈举止与行为。英国哲学家培根说："在美的方面，相貌的美，高于色泽的美，而秀雅合适的动作美又高于相貌美！"

（四）克服不良习惯

案例

我们要的是员工，不是浪子！

应届毕业生小荣在班里的学习成绩一般，但开拓能力很强，很机灵，面临择业，小荣经过筛选最后选择应聘一家有知名度的广告公司。

小荣一进公司大门，由前台小姐引领，只见他晃晃悠悠地走进办公室，见到办公桌前坐着的两位考官直看自己，忙点头说了声"你好"。不等回话，小荣一屁股就坐在了椅子上，两腿叉开，等着主考官问话。两位考官开始问问题，小荣略显紧张地回答着，两只脚不时地在办公桌下跺着。也许是为了平缓自己紧张的情绪，小荣不断地变换着坐姿，一会儿跷起二郎腿，一会儿又跷起脚尖，两条腿还不时地晃动着。面试只进行了5分钟就结束了，小荣站起身来，斜着身子问何时能得到答复，考官只说了一句："回家等着吧！"小荣走后，考官说："我们要的是员工，不是浪子！"

分析：真遗憾小荣的神经如此麻痹，更遗憾的是他竟浑然不知应以何种形象面对考官。甭说坐、站、走会影响个人形象，就是一个眼神，一个手势都会导致形象受损。小荣平日不注意，关键时刻出问题。

面试时，个别求职者由于某些不拘小节的不良习惯，破坏了自己的形象，使面试的效果大打折扣，导致求职失败。

手：这个部位最易出毛病。如双手总是不安稳，忙个不停，做些玩弄衣领、挖鼻孔、抚弄头发、掰关节等动作。

脚：神经质地不住晃动、前伸、翘起等，不仅人为地制造紧张气氛，而且显得心不在焉，相当不礼貌。

背：哈着腰，弓着背，考官如何对你有信心？

眼：或惊慌失措，或躲躲闪闪，该正视时却目光游移不定，给人缺乏自信或者隐藏不可告人秘密的印象，极易使考官反感。另外，死盯着考官的话，又难免给人压迫感，招致不满。

脸：或呆滞死板，或冷漠无生气等，如此表情怎么能打动人？一张活泼动人带着微笑的脸很重要。

行：行动时手足无措，慌里慌张，明显缺乏自信，有的反应迟钝，不知所措。

总之，面试时一定要改掉不拘小节的坏习惯，并且自始至终保持彬彬有礼、不卑不亢、大方得体的言谈举止。这不仅可大大提升求职者的形象，而且往往使成功机会大增。

（五）谈吐和言语

一个人的谈吐是其形象的直接反映。闻其声，不必见其人，就可以推断一个人的形象。

面试时展现良好形象的说话方式是：讲普通话，避免地方口音；发音吐字，男士强而有力，女士柔和悦耳；语调表达抑扬顿挫，情绪饱满；声音清晰，停顿干脆；语言简洁，清楚明了；音量恰当，快慢适中，节奏清楚。

不应有的说话方式是：语音沙哑，粗糙刺耳；说话急促，倍感不安；声音过大，语速过急；声音过小，吞吞吐吐；语气平淡，气氛沉闷；声音倦怠，语速过缓；口齿不清，含糊其辞。在面试中，一是实实在在地说心里话；二是平时就要加强言语谈吐练习。

（六）面试的礼仪

1. 提前到达

提前5～10分钟到达面试地点，以表示求职者的诚意，给对方信任感，同时也可调整自己的心态，以免仓促上阵、手忙脚乱。为了做到这一点，一定要牢记面试的时间、地点，或提前去一趟。这样可以熟悉环境，便于掌握路途往返时间，以免因找不到地方而迟到，给招聘者留下不好的印象，甚至丧失面试的机会。

2. 镇定自如

进入面试场合时不要紧张，如门关着，应先敲门，得到允许后再进去。开关门动作要轻，以从容、自然为好。见面时要向主试者主动打招呼问好致意，称呼得体。主试者请自己坐下时，应道声"谢谢"。坐下后保持良好的体态，即正襟危坐，双手自然放在膝盖上。切忌大大咧咧，满不在乎，以免引起反感。

3. 正确称呼

在面试这种场合，称呼必须正确而得体。如果主试人员有职务，一般采用姓加职务称呼的形式，如"刘经理""李部长"等；如果职务较低，可不采用职务称呼，以"老师"相称为好，如果对方职务是副职，一般最好略去"副"字，就高不就低以正职相称。

4. 热情握手

握手是一种礼貌，同时也是一种常见的社交礼仪，求职面试必然少不了握手。握手看似简单，却颇有讲究：首先，握手的姿态。握手要伸右手，伸出手时要使掌心向一侧。平等而自然的握手姿势是两人的手掌都处于垂直状态，轻握对方的手指，两足立正，距离受礼者约一步，身体略微前倾，面带笑容，目光正视对方，显得亲切、热情、大方。其次，要注意伸手的顺序。社交场合的一般规则是，应由主人、年长者、职务高者、女性先伸手，客人、年轻者、职务低者、男性要待对方伸出手后再伸手，切不可先伸手。在众多人相互握手时，应按顺序进行，不要抢先交叉握手。最后，握手力度要适当。以紧而不捏痛为宜，握得太紧或握不住对方的手，只是几个手指头和对方的手指头接触一下，都是失礼行为。

5. 举止大方

在整个面试过程中，要保持举止文雅大方，谈吐谦虚谨慎，态度积极热情。如果有两位以上主试者时，回答谁的问题，目光就应注视谁，并应适时地环顾其他主试者以表示自己对他们的尊重。谈话时，眼睛要适时地注意对方，不要东张西望，显得漫不经心，也不要低头，显得缺乏自信。与主试者争辩某个问题也是不明智的举动，冷静地保持不卑不亢的风度是有益的。

6. 表情自然

表情是通过面部器官来表现的。在面试中，最常用、最富有表现力的表情是目光和微笑。

（1）目光的运用

求职面试时，应试者与主试者的关系往往有两种情况：一是"一对一"的关系，即面对一个主试者；二是"一对多"的关系，即面对多位主试者。这两种情况，应试者的目光运用是不一样的。

在"一对一"的情况下，应试者的目光要注意如下几点：

第一，注视对方，目光要自然、柔和、亲切、真诚，不要盯着对方的眼睛，让对方极不自在，也不要不断地翻动眼睛，使得对方感到莫名其妙。不要东张西望、左顾右盼，显得心不在焉；不要显得傲慢，这些都是失礼的表现。

第二，在交谈过程中难免会碰到双方目光相遇，这时应试者不要慌忙移开目光，这样会引起对方的猜疑，应顺其自然地对视几秒钟，再缓缓移开，这样显得心里坦荡，容易获得对方的信任。

在"一对多"的情况下，求职者的目光不能只注视其中某一位主试者，而要兼顾到在座的所有主试者，让每个人都感到应试者在注视他。达到与所有主试者同时交流的效果，避免冷落某一位主试者，但应注意环视的次数不宜过多，这样就能获得他们的一致好评。

(2) 微笑的运用

面试时要善于微笑。首先，微笑必须真诚、自然，才能使对方感到友善、亲切和融洽。其次，微笑要适度、得体。适度就是要笑得有分寸、不出声，既不哈哈大笑，也不捧腹大笑，得体就是要恰到好处，否则，会适得其反，给对方留下不好的印象。

7. 手势适当

应试者在面试时运用手势一定要注意以下几点：一是要适合。表达的意思要与手势的意义符合，手势的多少要适合。二是要简练。每做一个手势，都力求简单、精练、清楚、明了。三是要自然。动作必须舒展、大方，令人赏心悦目，切忌呆板、僵硬甚至做作。四是要协调。手势和声音、姿态、表情等密切配合进行，只有协调的动作才是优美和谐的。

第二节 面试的技巧

面试同其他考试一样，有着平常知识的积累，同时也需要一定的技巧和方法。因此，为了提高面试的成功率，需根据面试的特点掌握一定的技巧。

(一) 面试前的准备

招聘单位的面试人员一般想知道：应试者是什么类型的人？应试者进入单位后能胜任什么样的工作？但面试人员多数情况下不直接提出上述问题，而是提出各种各样与此有关的其他问题，并通过这些来实现自己的真正意图，所以在面试前必须做好充分的准备。

(1) 计划周密。准备越充分，临阵的心理就越轻松，面试时才会表现出色，镇定从容。

(2) 熟悉招聘企业的现状，积累相关行业的常识。若肯下功夫去了解招聘单位的背景及业务内容，在面试时可迅速进入状态，并询问一些较深度的问题。但是要注意，只需了解该单位的一般情况即可，而要充分利用时间全力表现自己。

(3) 正确审视自己的优缺点。评估自己所应聘单位及工作的有利条件和不利因素，研究如何扬长避短，准备一份极具说服力的自荐书。

(4) 建立自信，培养良好的心理素质。做好适当的心理准备，建立自信，不要过多地计较得失。寻找一份理想的工作需要时间和经验积累，只要展现自己的自信，才能避免不必要的紧张与恐惧。

(二) 面试的内容

招聘者通过观察、提问、交谈、测试来了解和判断求职者修养、形象气质、知识水平、表达能力、应变能力、心理素质、敬业精神等，其目的是加深对应试者的考察，看应试者是否适合他们公司。常见的面试内容包括以下几个方面：

(1) 背景。主要考察毕业生的个人情况。如年龄、籍贯、民族、健康状况；家庭主要成员及社会关系；文化程度、毕业院校、所学专业、接受的培训、从事的工作、参加的社会活动等。

(2) 能力水平。主要考察毕业生的知识层次。如所学专业的特点、课程设置、学习成绩、外语和计算机水平、业务能力等。其中业务能力包括毕业论文、毕业设计、科研成果、专著以及实践能力、操作能力、口才、人际交往、写作能力等。

(3) 个性特征。考察毕业生的人生观、价值观、敬业精神、人际关系、适应能力、处理压力的能力和自我激励能力等。

(4) 形象。考察毕业生的相貌、言谈、举止和风度等。

(三) 面试中的注意事项

1. 倾听的技巧

注意倾听是一种重要的交流信息的技巧。面试的实质就是主试者与应试者进行信息交流从而获得全面评价的过程，其形式充分体现在说和听上。应试者注意倾听，不仅显示对主试者的尊重，而且要回答主试者的问题就必须注意倾听，只有通过专心致志的倾听，才能抓住问题的实质，否则，就可能不得要领，答非所问。因此，在面试中应注意以下几点：要有礼貌地注视主试者，并且要不时地与主试者进行眼神交流，千万不要东张西望；微笑可令气氛活跃，但决不可开怀大笑；用点头来对主试者的谈话做出反应，并适时说些简短而肯定对方的话语，如对、可以、是的、不错等。在面试中应试者除注意倾听主试者的提问，同时还要注意察言观色。了解主试者对自己的认识和态度，有针对性地应对，变被动为主动。

2. 应答的技巧

(1) 先说论点后说论据。应试者在回答问题时，要考虑自己所说内容的结构。一般情况下，回答问题要结论在先，议论在后，先将自己的中心意思表达清楚，然后再做叙述和论证。面试时间有限，话太多容易走题，反而会将主题冲淡。这种方法，可以使听者先知道问题的结论，然后再听理由。否则，应试者滔滔不绝地讲了半天，对方还没有明白应试者的论点，就会认为应试者思路不清，这样应试者很可能会失去一次机遇。

(2) 扬长避短，显示潜力。每个人都有自己的优势与不足，要在有限的时间内使自己的优势充分体现出来，扬长避短，显示潜力。扬长避短，是一种灵活性与掩饰性技巧的体现。如性格内向的人就容易给人留下深沉有余、积极开放不足的印象。因而，性格内向的人在面试时衣着宜穿得明快些，发言时主动、大胆、热情，以弥补自己性格的不足。

(3) 要注意讲清原委，避免抽象。主试者提出的问题是想了解求职者的具体情况，切不可简单地仅以"是""否"作答。针对提问应解释清楚，不可抽象地回答。

(4) 要知之为知之，不知为不知。遇到自己不懂的问题时，不要回避，不要不懂装懂，要诚恳坦率地承认自己不知道，这样反而会赢得主试者的信任和好感。

(5) 回答问题要有个人特色。主试者每天面对多个面试者，相同的问题也许问了若干遍，因此可能产生乏味和枯燥感。如果自己的回答具有个人特色，就会引起主试者的兴趣和注意。

3. 谈话的技巧

准确、灵活、恰当的口语表达，是面试的关键环节。如果应试者的各方面条件都不错，但由于自己表达能力差，不能将所要阐述的内容充分表达出来，主试者会因难以了解而不录用自己。在同等条件下，表达能力强、善于推销自己的毕业生，容易在竞争中获胜。应试者在谈话中应着重掌握以下几种语言表达技巧：

（1）要注意语言的生动性。生动形象、幽默风趣的语言有助于增强语言的吸引力，调解谈话的气氛。在面试交谈中，应试者要避免使用枯燥乏味和机械的语言，尽量使自己的语言生动、形象，增加语言的感染力，增强对招聘人的好感和信任。

（2）要注意观察招聘人。如果感到对方心不在焉时，说明他对自己说话不太感兴趣；如果皱眉，则可能是自己的语言表达当中有了不当之处。根据对方不同的反应，要适时调整自己表述的内容、语调、语气和音量，这样才能取得良好的效果。

（3）简明扼要。面试中的交谈受时间和内容的限制，不同于闲聊。说话简明扼要，就是用最少的话语传递尽可能多的信息。这要注意三个问题：一是要紧扣提问回答；二是要克服重复的语病，三是要戒掉口头禅。

（4）通俗朴实。应试者在语言表达时，首先应多用通俗语，避免使用书面化的语言，既不亲切，又很难懂，往往事与愿违。其次要质朴无华。如果片面追求语言的新奇华丽，过分雕琢，就会给人一种炫耀的感觉，必定会产生反感。所以，语言贵在自然朴实地表达真情实感。

（5）注意谈话的语速和音量。面试时谈话的节奏快慢，会影响语言表达的质量和效果，在面试中，语速最好适中。一般来说，面试中的问答是平铺直叙的，如介绍自己的一些基本情况，谈谈对公司前景的看法等。另外，在面谈时还应注意音量要适中。自我介绍时，最好用平缓的陈述语气。声音过大令人厌烦，声音过小难以听清。音量的大小要根据面试现场情况而定。两人面谈且距离较近时声音不宜过大，集体面试而且场地开阔时声音不宜过小，以每个招聘者都能听清自己的讲话为原则。

（四）面试中常见问题及对策

应试者在面试时，往往由于过度的紧张或长时间的沉默一时使自己陷入困境。遇到这种情况，若不能镇静应对，就会影响自己面试的表现。

（1）紧张。紧张是面试中最常见的情况，由于面试对求职者非常关键，求职者产生紧张情绪是很正常的。适度紧张可以帮助求职者集中注意力，但若过分紧张，便会给主试者留下不良印象，影响求职者正常发挥，使面试陷入困境。所以，面试前应进行充分准备，不把一次面试的得失看得过重；深呼吸是缓解紧张的有效办法；不要急于回答提问者的问题，回答问题时注意讲话的速度；如果的确非常紧张，最好的办法是坦白告诉主试者："对不起，刚才有点紧张，让我冷静一下，再回答您的问题。"

（2）沉默。有时主试者长时间保持沉默，故意来考验应聘者的反应。遇到这种情况时，许多应聘者因没有思想准备，会不知所措，陷入困境，应付这种局面最好的办法就是把预先准备一些合适的话题或问题，借这个机会提出来。或是顺着先前谈话的内容，继续谈下去，以打破僵局，走出困境。

（3）说错话。人在紧张的场合最容易说错话。比如在称呼时，把别人的职务甚至姓名张冠李戴。经验不足的应聘者碰到这种情形，往往会懊悔万分、心慌意乱、越发紧张，最好的应付办法是保持冷静的头脑。若说错的话无关紧要，也没有得罪人，可以若无其事，专心继续面试交谈，切勿懊悔不已。通常主试者不会因求职者一次小的失误而放过合适的人才。若说错的话比较严重，为防止误会，应该在合适的时间更正并道歉。出错之后，坦诚地纠正自己的错误说不定会因此而博得主试者的好感。

（4）要谦虚谨慎。面试和面谈的区别之一就是面试时对方往往是多人，其中不乏专家、学者，求职者切不可自以为是，不懂装懂，讲话要留余地。

（5）要以不变应万变。当求职者一人面对众多考官时，心理压力很大，面试的成败往往取决于求职者是否能机智果断、随机应变。首先，要注意分析面试类型，如果是个人面试，求职者就应该把目标集中投向主试者，认真礼貌地回答问题；如果是小组面试，则应把目光投向提问者，切不可只关注主试者而冷落其他人；如果是集体面试，分配给每个求职者的时间很短，事先准备的材料可能用不上，这时最好的方法是根据考官的提问在脑海里重新组合材料，言简意赅地作答，切忌长篇大论。其次要避免尴尬场面，在答题时常遇到这些情况：未听清问题便回答，听清了问题自己一时不能作答，回答时出现错误或不知怎么回答时，可能使求职者处于尴尬的境地。避免尴尬的技巧是：对未听清的问题可以请求对方重复一遍或解释一下；一时回答不出可以请求考官提下一个问题，等考虑成熟后再回答前一个问题；遇到偶然出现的错误也不必耿耿于怀而打乱考虑后面问题的思路。

（五）面试后应注意的问题

为了避免一些不该出现的情况，面试后应该注意以下几个问题：

（1）及时退出考场。当主试者宣布面试结束后，求职者应有礼貌地道谢，及时退出考场，不要再补充几句，也不要再提什么问题，如果求职者认为确有必要的话，可以事后写信说明或回访，不能在考试后拖泥带水，影响其他人的面试。

（2）不要过早打听面试结果。在一般情况下，考试组每天面试结束后都要进行讨论商定，最后确定录用人员名单，这个过程可能要等三五天甚至更长的时间，求职者在这段时间内一定要耐心等候，切不可到处打听，急于求成往往会适得其反。

（六）面试常见题目

在面试过程中，面试者会向求职者发问，而求职者的回答将成为面试者考虑是否接受他的重要依据。以下对面试中经常出现的一些典型问题进行了整理，并给出相应的回答思路和参考答案。我们要从中悟出面试的规律及回答问题的思维方式，达到活学活用。

问题一："请你自我介绍一下"

思路：①这是面试的必考题目。②介绍内容要与个人简历相一致。③在表述方式上要尽量口语化。④要切中要害，不谈无关、无用的内容。⑤条理要清晰，层次要分明。⑥事先最好以文字的形式写好并背熟。

问题二："谈谈你的家庭情况"

思路：①对于了解应聘者的性格、观念、心态等有一定的作用，这是招聘单位问该问题的主要原因。②简单地罗列家庭人口。③宜强调温馨和睦的家庭氛围。④宜强调父母对自己教育的重视。⑤宜强调家庭成员对自己应聘该单位的支持。⑥宜强调自己对家庭的责任感。

问题三："你有什么业余爱好？"

思路：①业余爱好能在一定程度上反映应聘者的性格、观念、心态，这是招聘单位问该问题的主要原因。②最好不要说自己没有业余爱好。③不要说自己有那些庸俗的、令人感觉不好的爱好。④最好不要说自己仅限于读书、听音乐、上网，否则可能令人怀疑应聘者性格孤僻。⑤最好能有一些户外的业余爱好。

问题四："你最崇拜谁？"

思路：①最崇拜的人能在一定程度上反映应聘者的性格、观念、心态，这是面试者问该问题的主要原因。②不宜说自己谁都不崇拜。③不宜说崇拜自己。④不宜说崇拜一个虚幻的或不知名的人。⑤不宜说崇拜一个明显具有负面形象的人。⑥所崇拜的人最好与自己所应聘的工作能搭上关系。⑦最好说出自己所崇拜的人的哪些品质，哪些思想感染着自己、鼓舞着自己。

问题五："你的座右铭是什么？"

思路：①座右铭能在一定程度上反映应聘者的性格、观念、心态，这是面试者问这个问题的主要原因。②不宜说那些易引起不好联想的座右铭。③不宜说那些太抽象的座右铭。④不宜说太长的座右铭。⑤座右铭最好能反映出自己某种优秀品质。如"只为成功找方法，不为失败找借口。"

问题六："谈谈你的缺点"

思路：①不宜说自己没缺点。②不宜把那些明显的优点说成缺点。③不宜说出严重影响所应聘工作的缺点。④不宜说出令人不放心、不舒服的缺点。⑤可以说出一些对于所应聘工作无关紧要的缺点。

问题七："谈一谈你的一次失败经历"

思路：①不宜说自己没有失败的经历。②不宜把那些明显的成功说成是失败。③不宜说出严重影响所应聘工作的失败经历。④所谈经历的结果应是失败的。⑤宜说明失败之前自己曾信心百倍、尽心尽力。⑥说明仅仅是由于外在客观原因导致失败的。⑦失败后自己很快振作起来，以更加饱满的热情面对以后的工作。

问题八："你为什么选择我们公司？"

思路：①面试者试图从中了解求职者的动机、愿望以及对工作的态度。②建议从行业、企业和岗位这三个角度来回答。如"我十分看好贵公司所在的行业，我认为贵公司十分重视人才，而且这项工作很适合我，相信自己一定能做好。"

综上所述，择业技巧与方法对于毕业生就业起着至关重要的作用。毕业生只有掌握一定的择业方法和技巧，才能在择业活动中游刃有余。在具体的择业活动中，毕业生一定要领会其要领，并且能够根据不同的时间、地点、对象及要求等情况，灵活加以运用和发挥。

求职应聘时面试常见问题如下：

1. 请你自我介绍一下你自己。
2. 你觉得你个性上最大的优点是什么？
3. 说说你最大的缺点。
4. 最能概括你自己的三个词是什么？
5. 你朋友对你的评价。

6. 你的业余爱好是什么?
7. 说你的家庭。
8. 在五年的时间内,你的职业规划。
9. 怎样看待学历和能力?
10. 你做过的哪件事最令自己感到骄傲?或谈谈你过去做过的成功案例。
11. 你和别人发生过争执吗?你是怎样解决的?
12. 如果通过这次面试我们单位录用了你,但工作一段时间却发现你根本不适合这个职位,你怎么办?
13. 如果你的工作出现失误,给本公司造成经济损失,你认为该怎么办?
14. 如果你做的一项工作受到上级领导的表扬,但你主管领导却说是他做的,你该怎么办?
15. 谈谈你对跳槽的看法。
16. 工作中你难以和同事、上司相处,你该怎么办?
17. 假设你在某单位工作,成绩比较突出,得到领导的肯定。但同时你发现同事们越来越孤立你,你怎么看这个问题?你准备怎么办?
18. 你对加班的看法。
19. 你对薪资的要求。
20. 你最近是否参加了培训课程?谈谈培训课程的内容。
21. 你对于我们公司了解多少?
22. 请说出你选择这份工作的动机。
23. 你最擅长的工作岗位是什么?
24. 你能为我们公司带来什么呢?
25. 你欣赏哪种性格的人?
26. 你通常如何处理别人的批评?
27. 怎样对待自己的失败?
28. 什么会让你有成就感?
29. 眼下你生活中最重要的是什么?
30. 你怎么理解你应聘的职位?
31. 喜欢这份工作的哪一点?
32. 说说你对行业、技术发展趋势的看法。
33. 对工作的期望与目标何在?
34. 就你申请的这个职位,你认为你还欠缺什么?
35. 你为什么愿意到我们公司来工作?
36. 新到一个部门,如果一个客户来找你解决问题,你如何让他满意?
37. 对这项工作,你有哪些可预见的困难?
38. 除了本公司外,你还应聘了哪些公司?
39. 你希望与什么样的上级共事?
40. 在完成某项工作时,你认为领导要求的方式不是最好的,自己还有更好的方

第二章 就业指导与能力训练

41. 与上级意见不一致时，你将怎么办？
42. 你欠缺工作经验，如何能胜任这项工作？
43. 为什么我们要在众多的面试者中选择你？
44. 为了做好工作，你该怎样获得他人的支持和帮助？
45. 假如你晚上要去送一个出国的同学去机场，可单位临时有事非你办不可，你怎么办？
46. 谈谈你过去的工作经验中，最令你有挫折感的事情是什么？
47. 如何安排自己的时间？会不会排斥加班？
48. 对这个职务的期许。
49. 为什么选择我们这家公司？为什么选择这个职务？
50. 认为你在学校属于好学生吗？
51. 谈谈如何适应办公室工作的新环境？
52. 在工作中学习到了些什么？
53. 想过创业吗？
54. 如果创业，想做什么项目，为什么？

第三节 笔试的方式和技巧

笔试是一种常用的考核办法，它是用人单位采用书面形式对求职者所掌握的基本知识、专业知识、文化素养和心理健康等综合素质进行的考查与评估。笔试对应聘者来说是相对公平的一种测试方式，因而被越来越多的用人单位所采用。

一、笔试的种类

（一）专业考试

这种考试主要是为了检验求职者文化知识和相关的实际能力。一般用人单位在接收毕业生时，主要是看学校提供的推荐表及成绩单，同时再辅以自荐材料就可以了解其基本的知识能力等情况。但也有一些特殊的用人单位，需要通过笔试对求职者进行文化专业知识的考核。值得引起注意的是，这种考试方式已被越来越多的单位所采用。

（二）心理测试

心理测试是用事先编好的标准化量表或问卷要求应试者完成，根据完成的数量和性质来判断其心理水平或个性差异的方法，一些特殊的用人单位常常以此来测试求职者的态度、兴趣、动机、智力、个性等心理素质。

（三）智商测试

智商测试主要为一些跨国公司所采用，它们对毕业生所学专业一般没有特殊要求，但对毕业生的素质要求较高。在他们看来，专业能力可以通过公司的培训获得，因此有没有专业训练背景无关紧要，但毕业生是否具有不断接受新知识的能力是至关重要的。

（四）命题写作

这种考试的目的在于考查文字表达能力以及分析问题和逻辑思维能力。比如限时写出一份会议通知、请示、报告或一项工作情况总结，也可能提出一个论点，请予以论证或批驳等。

（五）综合能力测试

综合能力测试兼有智商测试的要求，但程度更高。比如应试者要在规定的时间内对一组数据、资料进行分析，找出合理的地方和存在的问题，并设计出解决问题的方案。这是对应试者的阅读理解、发现问题、分析和解决问题的能力、知识面等素质的全方位考核，甚至有时候问答都是用英语进行，相对来说难度更大。

（六）国家公务员录用考试

目前，中央、国家机关的各招考职位按性质和权责的不同分为A、B类。A类职位主要包括在中央、国家机关和中央行政机关派驻机构与中央垂直管理系统所属机构中从事政策、法律法规、规划等的研究起草工作和政策、法律法规、规划实施的指导，监督检查工作，以及从事机关内部综合性管理工作的职位（如综合司从事经济形势分析和政策研究的职位）。B类职位包括在中央、国家机关和中央行政机关派驻机构与中央垂直管理系统所属机构中从事机关内的专业技术工作、对机关的业务工作提供专业技术支持的职位（如某些机关内部的财务会计职位），实行中央垂直管理的行政机关中直接将各项具体规定施于公民、法人和其他组织的行政执法职位。

二、笔试的内容

（一）常见的笔试试题

（1）专业类。这类试题主要涉及应试者所学或企业用人岗位所需的专业知识。

（2）政治类。这类试题主要涉及一些政治观点、时事政治、国际国内形势的分析。

（3）公文类。这类试题主要涉及国家行政公文和机关事务公文写作，考查应试者对各种公文文体的掌握情况及对语言文字驾驭能力等。

（4）技能类。这类试题主要涉及英语及计算机等通用技能的考查。

（5）综合类。这类试题涉及面较广，考查的知识点比较全面且综合性强，针对一个问题需要应试者动用多方面的知识和能力去解决。

(二) 笔试考核的内容

在笔试中，很多时候一次性考核应试者多方面的能力。通常用人单位的笔试包括以下几方面内容：

（1）知识面测试。包括基础知识和专业知识：基础知识主要是一些通用性知识；专业知识主要是职务所具备的业务知识。

（2）智力测试。主要测试应试者的记忆能力、分析观察能力、综合归纳能力、思维反应能力。

（3）技能测试。主要是对应试者处理实际问题的速度与质量的测试，检验其对知识和智力运用的程度和能力。

第三章　职业适应与职业发展

经过了十余载的寒窗苦读，大学生完成学业告别母校，开始进入社会，开启人生的职业生涯之旅。刚刚走上工作岗位的大学毕业生，在短短的数月里要进行一次重大的选择，完成一场至关重要的角色转变。

对职业的适应是大学生社会化的重要阶段和组成部分，它是在对职业具有一定认识的基础上，通过不断对自己的职业观念、意识和行为习惯进行调整与改变，以适应职业的要求和职业的变化。

职业适应也称工作适应，是指人在职业活动中，面对工作中遇到的各种问题时一系列的心理过程，包括个体对工作环境、工作任务、工作活动的适应，以及对自身行为和新的工作需要的适应。有专家研究认为，大学生的职业适应期为3年。据调查，刚参加工作时，有70%的大学毕业生认为自己"完全适应"或"基本适应"工作需要，有20%的人认为"基本不适应"或"完全不适应"。两三年以后，有96%的人认为已"完全适应"或"基本适应"所从事的工作。

对于如何走好职场的第一步，是摆在每个大学生面前的十分重要的现实问题。在这关键时刻，大学毕业生应当更充分的认识自我和积极的适应社会，完成从学生角色到职业角色的转换，树立良好的职业形象，建立和谐人际关系，迈好事业的第一步，为以后的事业发展和成功奠定良好的基础。

第一节　角色转换与职业适应

从签订就业协议到进入职业生涯是大学生成长中一个重要的发展阶段，是他们成长中差异最大的角色转换。如何适应这一角色转换对于今后的职业生涯有着重大的影响。

一、学生角色与职业角色的转换

告别校园，走上工作岗位，是毕业生人生的重要转折。如何顺利完成从学生角色到职业角色的转换，为未来的人生与事业奠定坚实的基础，是每个毕业生都必须积极面对的现实问题。

（一）从学生到职业人的过渡

1. 学生角色

学生在大学阶段，是人生中增长知识、发展智力、求学成才的关键阶段。大学生的中心任务是努力学习以专业知识为主的多方面知识，培养以专业能力为主的各种能力。因此，这是一个接受教育、储备知识、培养能力的重要阶段。由于大学生在校期间是以学习为主，经济上主要依靠家庭，所以，将其界定为学生角色。在社会教育环境的保证和家庭经济的资助下，学习知识，培养能力，全面提高自身素质，努力使自己成长为社会的合格人才。

2. 职业角色

职业角色的个性表现非常具体，但是千差万别的职业角色却有其共性的抽象：职业角色扮演者具有自己的社会职位和一定职权；相应的职业规范；一定的基础知识和业务能力；履行一定的义务；经济独立。因此，可以这样定义职业角色：在某一职位上，以特定的身份，依靠自身知识和能力并按照一定的规范具体地开展工作，在行使职权、履行义务为社会做出贡献的同时取得相应的报酬。

3. 实现角色转换

学生和职业人两种角色之间存在很大的不同，需要在实践过程中进行角色的转换，角色的转换不是瞬间发生和完成的，而是一个渐进的过程。角色的转换包括获取角色和承担角色两个过程。

首先是获取角色，对于大学生而言，所谓获取职业角色，就是择业。毕业后，毕业生到工作单位报到，从此走上工作岗位，步入社会，从这一刻开始，毕业生就已经获取了职业角色。其次是承担角色，获取角色只是角色转换的起点，承担角色才是角色转换的目标。承担角色包括形式上的承担和物质上的胜任。因为大学生在校园中主要是学习书本知识，较少接触实际，缺乏解决实际问题的能力，因而在工作的初始阶段必然会遇到困难与挫折，不能恰当、自如地处理问题，高效地工作。这时，只有在形式上承担了职业角色，还没有胜任这一角色。只有在不畏艰苦、勇于开拓精神的激励下，虚心求教，勤于实践并积极探索，才能使自己具备承担职业角色的素质，才能得到领导与同事的认可，才能称得上胜任工作。只有到这一阶段，角色的转换才算完成。

从学生角色到职业角色的转换过程是因人而异的，有的很短，有的很长，有的甚至终其一生也未能完成。因此，毕业生要做好充分的思想准备，以积极主动的心态去面对角色转换，尽快适应职业生活，在激烈的人才竞争中脱颖而出，为今后的发展与成才打下良好的基础。

（二）角色转换过程中容易出现的问题

大学毕业生从学生角色向职业角色的转换，往往会面临着新旧角色的冲突。有些人由于受到社会因素、家庭因素尤其是自身认知能力、人格心理发展、意志品质以及情绪情感等因素的影响，不能正确认识角色转换的实质，或者在角色转换中不能持之以恒，于是在从学生角色到职业角色的转换过程中容易出现以下问题。

1. 依恋学生角色

一些毕业生在角色转换过程中容易依恋学生角色，出现怀旧心理。经过十多年的读书生涯，对学生角色的体验可以说是非常深刻了，学生生活使得每一位学生在学习、生活和思维方式上都养成了一种相对固定的习惯。因此，在职业生涯开始之初，许多人常常会自觉或不自觉地把自己置身于学生角色之中，以学生角色的社会义务和社会规范来要求自己、对待工作，以学生角色的习惯方式来待人接物，来观察和分析事物。

2. 畏惧职业角色

在具体工作岗位上，残酷的竞争既来源于组织外部，又来源于组织内部。毕业生不喜欢传统的论资排辈，而是希望到一个竞争的环境中去，因为竞争才会体现公平，才会带来脱颖而出的机会。但是真正面对竞争时，又往往心存畏惧，害怕表现不好遭到别人的嘲笑，害怕尝试，害怕失败，害怕留给领导及同事不良的印象等。这种心理往往会使毕业生在工作的时候放不开手脚，患得患失，反而影响了自己的表现和能力的发挥。

3. 眼高手低的主观思想

"眼高手低"几乎是一些大学生的代名词，他们的个人理想和主观愿望往往很高，认为自己接受了比较系统、正规的高等教育，拿到了学历，学到了知识，已经是比较高层次的人才了。因而，往往看不起基层工作和基层工作人员，甚至认为一个堂堂的大学毕业生做一些琐碎的不起眼的工作是大材小用，有失身份。于是就轻视实践，眼高手低。

4. 心浮气躁的工作作风

所谓心浮气躁，就是静不下心来，今天想干这项工作，明天又想干那项工作，频频更换工作，心乱如麻，情绪浮躁。例如，有的毕业生不是踏踏实实地提高工作技能、积累经验、丰富阅历，而是梦想一举成名、一夜暴富；有的毕业生搞研发，不是静下心来钻研技术、夯实基础，而是想马上搞出专利发明。岂不知，只有平心静气、全神贯注，才能真正地提高自己的能力与素质，也才能得到领导的赏识与同事的信任。

（三）如何更好地实现角色转换

学生角色向职业角色的转换往往是一个艰苦的过程。对此，毕业生应有充分的思想准备，要以积极的态度、坚持不懈的努力来实现角色的转换与承担。在适应职业角色的过程中，应注意如下几点。

1. 树立良好的印象

大学生就业后，在新的工作环境中所树立的第一印象十分重要。第一印象好，人们与其交往的热情就高，就容易打开工作局面；第一印象不好，事倍功半。第一印象是客观事物首次作用与人的感官，在人的头脑中产生的对事物的整体反映，包括事物的外观形状、行为特点、价值评价等。即第一印象如何，会对以后的发展形成一个固定的趋势——别人可能已据此决定了以后对自己的态度。树立好的第一印象往往会"扩大"自己的优点,"弥补"自己的不足,即使出了点差错,也会得到别人的谅解;否则,建立了不好的第一印象,也可能会扩大自己的缺点,要改变它,绝非一朝一夕。

2. 学会控制自己的情绪

心理学研究表明,刚步入工作岗位,一般人的情绪波动都会很明显,如起初是兴奋,然后由迷惑、自我否认、挫折、烦恼、沮丧逐渐过渡到重新认识、定位、调整、适应,最后完成职业转变。人们在情绪不良时,思维能力与智慧等都不能正常发挥,也容易暴露自己的弱点,更容易出错,影响领导和同事对自己的评价,影响在公司进一步的发展。然而万事开头难,毕业生要对这种可能出现的情况做到心中有数,提早做好准备,除接受学校必要的就业指导外,还要根据自己的实际情况进行有针对性的系统训练,减少不良情绪的出现,即便偶尔出错也要做到不慌张、泰然处之。

3. 管理好职场压力

压力是指一种动态过程,当个体在实现对自己有着重要意义的目标过程中,遇到机会、障碍或要求时,便会处于压力状态。虽然说适当的压力可以使人充实和上进,但压力过大或者这种紧张感过于持久则会出现焦虑、烦躁、抑郁、不安等心理障碍,甚至导致心理疾病。心理学家研究表明,人们的职场压力主要表现在工作繁忙,心力疲惫,对工作有厌烦感;人际关系紧张,孤独感加重,朋友减少、亲情减少引起的心理失衡;缺乏安全感,心理承受力下降;环境与挑战的压力等。

4. 利用好时间

有效地应用时间这种资源,以便我们有效地达成个人的重要目标。需要注意的是,时间管理本身永远也不应该成为一个目标,它只是一个短期内使用的工具。一旦形成习惯,它就会永远帮助自己。

提高时间管理的意识,养成良好的习惯,会帮助我们提高时间管理的效率。积极的态度意味着采取主动,而不是坐等别人先行动然后消极地回应。被动的人习惯于对周围的事情做出变动的反应,这使他们消费掉更多时间。保持主动的要诀是事先计划,据此来安排其他事情,以便能对我们的时间有更多的控制权,才会获得自如运用时间的更大自由。

5. 建立和谐的人际关系

在人走向成功的路途中,有很多的因素会影响自己的行程,但人际关系无疑是其中最重要的。就好像一个木桶,决定木桶容量的永远都是那块最短的木板,人的命运就是那个木桶,人际关系就是自己生命中的那块最短的木板。

在工作中建立和谐的人际关系对我们适应社会有着积极的推动作用,它可以尽快使人们消除陌生感,适应人际环境;可以使人们工作顺心,生活愉快;可以使人们保持心情舒畅,心理健康;可以使人们增强团结,有利于集体。人际关系渗透到了所有的社会关系之中,人际关系是无处不在的,它对于人的各方面的发展都具有非常重要的意义。

第一，对上级要以尊重为主，多多沟通

首先要适应上司。上司是决定团队命运的关键人物，其他成员只有积极主动地去适应他，才能够形成有效的配合力量。因此，做下属的应该适当了解上司的工作习惯、处事作风，甚至要了解上司一些独特的习惯，这样才能对上司的决定做出较正确的判断。初涉职场的员工更应主动适应上司，才能使自己得到更好的发展。

其次要正确处理上下级之间的关系。在国外，一般不提倡与上司建立私人感情，而是保持纯粹的工作关系。在我国，多年形成的"裙带"观念和家族式管理也在现代管理体制下有所松动甚至是瓦解。因此，我们要明确的是，大家走到一起来，什么是基础？工作是基础，没有工作，其他一切都无从谈起。因此，建议不要和上司讲太多的私生活话题，这会影响我们在其心目中的形象，其他同事也会因为我们与上司的私交甚密，对我们另眼相看，从而使我们的工作及社交出现障碍。

最后工作要积极主动。人在社会中，都不是孤立存在的。尤其是每个人的职业成功，不仅取决于完成任务的能力，而且由于我们是一个单位的组成分子，职业的成功还取决于我们为与同事相处而进行自我调整的能力，为与主管合作而具备相互沟通的技巧，以及为与客户建立关系而表现的服务态度等。因此，真正有能力的人在工作中，总是表现得主动、积极、富有责任感，能够踏踏实实、全神贯注、干净利落地把任务完成，又能在事后表现出轻松、愉快和若无其事的态度。这就是成功者的素质。

第二，对同事要以合作为主，多多交流

首先要成为团队的优秀成员。许多职业失败者的例子显示，招致失败的最常见原因，是他们难以与他人共事。我们可能拥有特殊的才能，但如果无法成为团队的优秀成员，不能与他人友好相处，我们就无法取得成功。要成为团队的优秀成员，在工作中获得成功，必须成为一个受人喜欢和感兴趣的人，并且有令他人欣赏的特征，例如，快乐、幽默、情感丰富、有同情心，以及参与的愿望等。这些特征不仅会帮助我们与同事友好相处，也会增加晋升的机会。

其次要知道与他人相处的关键是合作。合作包括自己的努力和给他人提供必要的帮助。合作就像一个蓄电池，它或许不会马上起作用，但如果经常充电的话，关键时刻它总会发挥出不可替代的作用。合作不仅表现在两个人之间，也包括与整个团队的合作。

最后要虚心求教，懂得尊重他人。在工作中，多听听前辈的意见和建议，对我们的好处是多方面的。即使他们的观点和做法与自己的观点有偏差，仍会对自己的工作有一定的借鉴作用。对前辈的批评要抱着"有则改之无则加勉"的态度真诚接受，无论受了多大的委屈也不要发火，真心地表现出对前辈的尊敬。

初到单位，应该把每个人当作自己的老师，不管他的职务尊卑、收入多少、年龄大小和文化高低，要尊重他们的人格和感情，尊重他们的劳动和成果。坚持对别人的尊重，是与同事处好关系的重要方法。

二、职业角色的适应

大学生在就业的过程中实现角色的转换时,清楚地了解新、旧角色的不同和差异是基础。在正确认识差异的基础上,主动、积极地完成心理、素质、技能等方面的准备,是走上职业岗位后较好地适应工作要求的必由之路。主动适应新角色应做好以下几个方面:

(一) 重新认识和评价自我

大学生应参考用人单位对大学生的认识与评价,重新认识和评价自己。摸清自己在职业的要求上还有哪些不足,还有哪些值得肯定和坚持的优势,为自己今后的努力明确方向。

(二) 做好应对困难和挫折的准备

进入职场,大学生面对不熟悉的工作、环境、人员、规则,面对各种各样的状况,遇到困难和挫折是不可避免的;应该有面对困难和挫折的勇气与心理准备;有积极应对、百折不挠、败而再战的精神状态;有精益求精、追求完美的不懈斗志。思想上有了充分的准备,遇到现实就容易承受,工作上的打击情绪就容易控制,平常心态下就能仔细地分析原因,为下一步的努力奠定成功的基础。

(三) 了解职场规则,爱岗敬业

大学生在就业前应通过各种途径了解职场规则。了解职场的上下级关系及企业决策机制,学习服从上级决定和提供有益建议的方法与意识;了解职场文化和习惯,让自己的思想和行为更适应企业,更容易和未来的同事处好关系;了解企业严格的管理制度和纪律,学习和培育遵守纪律的好习惯;了解职业人默默无闻的工作状态,培育自己的敬业态度。

(四) 摆正心态,虚心学习

学校学到的知识是有限的,大部分知识和能力需要在工作实践中学习与锻炼。因此,要有从零做起的心态,单位领导、同事都是很好的老师。要摆正心态,虚心学习,把职业适应过程看成是不断充实完善、增长才干的过程。要主动向其他同事学习观察问题、分析问题和解决问题的方法,逐渐完善自我,实现角色转换。

三、职业环境的适应

(一) 大学环境与职业环境的差别

在有关大学生和职业人、学生由单纯的校园生活进入复杂的社会职场的讨论中,菲利普·加德纳和刘文英指出:很多单位、雇主普遍认为大学生对于适应新的、变化的工作均缺乏准备。总的来说,其问题并不涉及专业领域。他们的共识是:毕业生苦于应付的问题更可能是人际关系或个人的能力,而这些技能在大学课堂中并不直接传授。

佛罗里达大学的管理学教授丹尼尔·费德勒对大学环境与工作环境分别从大学文化和工作文化、大学老师和单位领导、大学的学习过程和工作的学习过程三个方面作了对比,具体如表3-1所示。

表3-1 大学环境与工作环境的对比

大学文化	工作文化
(1) 弹性的时间安排 (2) 能够逃课 (3) 更有规律、更个别的反馈 (4) 比较宽松和自由的节假日休息 (5) 对问题有正确的答案 (6) 教学大纲提供清晰的任务 (7) 分数层面上的个人竞争 (8) 工作循环周期较短,每学期18周,每周1次班会 (9) 奖励以客观性标准和优点为基础	(1) 固定的时间安排 (2) 不能旷工 (3) 无规律和不经常的反馈 (4) 没有寒暑假,节假日休息很少 (5) 问题很少有明确、直接的答案 (6) 任务模糊、不清楚 (7) 按团队业绩进行评估 (8) 持续数月或数年更长时间的工作循环 (9) 奖励更多地是以主观性标准和个人判断为基础
大学老师	单位领导
(1) 鼓励或讨论 (2) 规定完成任务的交付时间 (3) 期待公平 (4) 知识导向	(1) 通常对讨论不感兴趣 (2) 分派紧急的任务,交付周期很短 (3) 有时很独断,并不总是公平 (4) (利益)结果导向
大学的学习过程	工作的学习过程
(1) 抽象性、理论性的原则 (2) 正确的、结构性的和象征性的学习 (3) 个人化的学习	(1) 具体的问题解决和决策制定 (2) 以工作中发生的临时性事件和具体真实的生活为基础 (3) 社会化、分享性的学习

从表3-1中可以看出从学生到职业人经历过一次角色的转换,是从学生角色的一种转变到工作角色的一种重塑,其环境的转变也是千差万别的。要想更好地适应职业环境,首先要做好心态的调整,在新的岗位上应该具备以下几种心态:

1. 立足新岗位,树立新意识

适应工作、适应社会,首先要树立新意识。首先要树立独立意识,大学生在校的主要任务是学习,长期依靠教师,再加上经济靠家人供给,助长了依赖心理。工作后，大学生要承担一定的社会责任，要在工作中独当一面，人们也开始把大学生作为一个独立的社会人对待。这就要求大学生具有独立意识。其次要树立写作意识，从某种意义上说，大学生在校学习是一种单纯的个体劳动。随着科技的高速发展，社会分工越来越细，部门与部门、个人与个人之间的写作关系日益密切。科研项目的完成、工程计划的实施、工作的组织管理等，都必须具有写作精神。因此，刚刚走上工作岗位的大学生，一定要树立协作意识，切勿片面强调个人作用，要从整体利益出发，顾全大局。

2. 不断学习，自我完善

适应社会的过程是一个学习、适应、继续学习、不断适应的过程。知识结构的完善，需要不断地学习。大学毕业生虽已掌握了一定的文化科学知识，具备了一定的能力，但知识结构还不尽完善，知识还不够丰富，解决实际问题的能力及动手能力较差，只有不断地学习，才能完善知识结构，丰富自己。

适应工作的要求，需要不断地学习。初到工作岗位，大学生对自己所要从事工作的基本情况还不了解，只有不断学习、勤于思考、善于总结，尽快熟悉并掌握有关的业务知识，及时补充业务知识的不足，才能更好地适应工作。

3. 把握时机，适时调整

大学生的首次就业并不一定就是终身的职业选择。由于最初择业时某些条件的限制以及其他各种因素，一部分大学生就业后对自己的职业并不满意。对此，应当进行具体分析。当然，我们应当首先考虑国家的需要，干一行爱一行，安心于自己的本职工作，但这并不意味着对人才流动的绝对限制。随着社会需求的变化，根据自身的实际条件，一些已经就业的大学毕业生完全可以适时调整奋斗方向，把握好重新选择的机会，在大千世界中找到更合适自己的职业。

（二）努力适应职业岗位要求

认识、掌握、适应职业规律是大学生就职中的必然要求，对于其成才和发展也有十分重要的意义。职业适应是指个体在职业认识和职业实践的基础上，不断调整和改善自己的观念、态度、习惯、行为与智能结构等，以适应职业实践的发展和变化。对于大学应届毕业生而言，告别学生时代，从走进职业生涯到适应职业生活，要经过对职业实践、职业规范、职业环境、职业文化等的观念、认知、领悟、认同、内化等一系列的学习和实践过程，才能达到对职业的能动适应。适应的实质就是个体由自然人向社会人的转化，学生向职业人的转化。初入职业行列的毕业生，由于对职业角色的认识和理解不深，很容易发生角色偏差或角色错位。因此学习职业角色的责任和义务，掌握职业角色规范，遵守职业角色的行为模式，增强对职业角色的认同感和归属感是非常重要的。职业适应又是循序渐进的，随着科学技术的进步，社会向前发展，职业实践也在不断发展变化，所以职业适应也是一个不断进行的过程，即调整、适应、再调整、再适应不断发展的过程。对于应届大学生来讲，初步适应职业应做到下面几点：

1. 面对现实，正确认识自我

大学生走上工作岗位，开始了职业生涯，面对新的工作方式，更高的工作要求和陌生的工作环境，如果不能正视现实并正确认识自我，那么就很难适应新环境，融入新群体。作为大学毕业生，要认识到自己在新的工作环境下，工作水平、工作能力、工作熟练程度、工作经验及处理人际交往等许多方面的差距，承认差距，正视差距，积极努力消除差距；敢于实践、善于请教，把原来学到的理论知识和工作实践结合起来，把自己的学习心得和别人的经验融合起来，扎扎实实工作，最终一定会赢得领导和同事的信任。

2. 主动了解工作，敬业爱岗，勤奋学习

作为一个新手，要想尽快适应工作环境，除了要有投身实践的信心和勇气之外，还必须充分了解和熟悉工作环境、工作对象的特点和规律，并主动收集本专业的传统和现状、本单位的历史沿革和发展前景等相关信息，从而对所从事的工作有较全面的认识和把握。安心本职工作是敬业爱岗的前提，如果不能静下心来工作，"这山望着那山高""人在曹营心在汉"，根本无法掌握基本工作技能，这对个人的发展是不利的，对社会也是不负责的。勤奋是每个成功人士的必由之路，工作中的懒惰为领导和同事所不齿，勤奋努力则受到赞扬。毕业生要在工作之余学习新知识，学习相关学科知识，积极参加业务培训。

3. 放下架子，虚心学习

人们到新的环境中都有一种跃跃欲试、渴望成功的想法，但成功绝不是孤立的，无论我们在学校学习成绩有多优秀，社会活动能力有多强，雄心壮志有多高，我们的成功还受环境、机会等因素的影响。事实证明，一个人在学校学到的知识是有限的，大部分知识和能力必须在工作实践中学习与锻炼。一些工作多年、具有丰富的专业知识和实践经验的技术人员、领导、师傅以及同事都是我们的老师。我们学生只有放下架子，虚心学习，才能从他们身上学到许多观察问题、分析问题和解决问题的能力与方法，才能逐渐完善自我；反之，放不下架子，自以为是的人，是很难学到真本事的。

4. 善于学习，勤于思考

善于学习，勤于思考，不断地提出问题，不断地解决问题，遇到困难要及时向他人求教，养成虚心好问的品质，这是帮我们获得成功的一条捷径。善于学习就是要用心观察，做到嘴勤、手勤、腿勤、脑勤；善于学习就是把我们所掌握的理论知识与工作实际相结合，探索工作对象的特点。只有善于学习，勤于思考，我们在工作中才会有自己独特的见解，才能逐步具备独立开展工作的能力。

5. 勇挑重担，乐于奉献

大学生毕业后奔赴工作岗位，应当一开始就严格要求自己，树立高度的主人翁责任感和积极奉献的精神，不计较个人得失和蝇头小利；要努力承担责任，主动适应工作环境，更好、更快地完成角色转换。从在办公室端茶倒水、打扫卫生做起，从热忱帮助同事干一些似乎是鸡毛蒜皮的事做起，从加班加点毫无怨言做起，培育自己的敬业爱岗和乐于奉献的精神。大学生作为年轻人，精力旺盛，在职场要勇于承担繁重的工作任务，要能承受困难的考验,从小事做起,积累职场的经验,为以后承担更大的责任打下基础。

6. 正确对待他人评价

在新的环境中,要想了解自己的行为是否符合角色的要求,必须借助于他人的评价,也必须学会正确地对待他人的评价。比如,一个大学毕业生,刚刚工作就承担了某产品的设计工作,当他把精心描绘、自己十分满意的设计方案交到领导面前时,满怀希望地期待着领导的夸奖,谁知领导只是点点头,叫他拿走了,似乎有些不满意。于是,他的自负被委屈和不满所代替。因此,一个人光凭自我感觉来认识自己是不行的,只有通过与别人比较,取得大多数人的肯定,才是重要的。对待他人的评价,如果一味地认为领导和同事太苛刻而表示不满或委屈的话,就会忽视自己存在的不足,不可能从他人的评价中获取有益成分,最终受损失的还是自己。人们在对待他人评价时,通常做法是与自我认识进行对照,两者相符的比较容易接受,两者不符或相反的就难以接受。不少大学生往往很自信,但即使再自信的人也应该告诫自己,不要排斥客观中肯的评价。工作初期,人们因为自己是新人,对自己的鼓励多,批评少,但切不可沾沾自喜;同时,人们因为自己是大学生,对自己的期望较高,要求较严,自己更不能消极对立,拒绝接受意见。正确的态度是虚心请教、认真自省,及时调整,以积极的人生态度和饱满的工作热情给领导与同事们留下最美好的印象。

案例 1

王雪毕业于省内的某高职院校财会专业,由于在校成绩优秀,而且在校期间获取了多种职业技能证书,毕业时获得了与几位名牌高校毕业生在同一家银行实习的机会。与她众多的校友和同班同学相比,她心里有一种很强的优越感。进入单位时,领导要求她从最基本的工作做起,她觉得有点大材小用。在一次数据计算中,由于操作失误,给储户整整多支付了一万元,虽然最后追讨回了这笔款项,但是给整个银行、个人都带来了极大的麻烦,也打乱了银行的财务管理。王雪当时并没有觉察到问题的严重性,不以为然。部门经理找她谈话时,告诉她,在学校里成绩的考核是一张试卷,一般是允许有错误行为的,一道计算题,就算结果中出现计算失误,与答案不符,也能得到分数,但是在实际工作中则不然,需要的是一个确切的结果,99分≠优秀,99分=0=前功尽弃=灾难。听了经理的一席话,王雪幡然醒悟。

【点评】

在进入社会过程中,很多同学都会把某些优越感带入到工作和生活中,过高地估计自己的能力,缺乏自知之明。这些心态在刚刚迈出校门的毕业生中比较突出。部分毕业生自恃清高,不愿意从事基层工作,做事不够仔细,往往出现"大事做不了,小事做不好"的状况。实践出真知,书本上的知识是要用实践来检验的。在进入职场做一个职业人时,面对实际工作,大学生往往缺乏经验和解决问题的办法,所以必须先从小事做起,关注细节,细节决定成败。

案例2

小李刚毕业，进入一家著名外企工作。外企薪酬高，但是压力很大，工作很辛苦，在刚开始的几个月中，她一直无法适应外企的工作方式。一次，在辛苦了一天将要下班的时候，老板突然交代了一项文字任务，要求小李必须在第二天下午3点前将任务完成，把成果交给他。在这之前，小李已经连续加班了三个晚上，而且其中有两个晚上都是熬了通宵的。但是，她不能拒绝执行任务，只好硬着头皮答应下来。当天晚上，小李继续熬夜，但是由于太累，不小心睡着了，工作基本没怎么做。第二天，公司又有其他事情，她一忙就忘记了老板交代的任务。结果，在下午3点老板过来拿成果的时候，她才想起来，只好忙着道歉，但是老板什么都不听，而是强调："不用道歉，我要的是成果，不管什么原因，你没有完成任务，就是你的问题！"小李非常窘迫，只好保证在3个小时内一定将工作完成。

一年后，小李成为办公室最出色的人。在总结自己刚工作时的经验时，她说，老板没有义务原谅自己的过失，自己唯一能做的就是拼尽全力，将工作做到最好。不管遇到的困难是什么，自己都要想办法克服它，做错之后马上改，不断总结经验教训，自己会在工作中迅速成长，成为成功的职场人。

【点评】

当自己过关斩将，闯过求职的各种关口，迎来的是让自己热血沸腾的心仪的工作岗位，同时也是环境与角色的全方位转换，会到一个令自己兴奋但陌生的地方，开始一段令自己期待但全新的职业旅程。初入职场的自己，面对与校园生活完全不同的环境与角色定位，有很多东西需要学习与适应，既然环境无法改变，那么首先需要调整的便是自己。小李的经验告诉我们，走上职业岗位，首先应该找到的是作为职业工作者的责任与激情。而初入职场，正确的心理定位和专业工作的态度是成就出色工作表现的前提。

案例3

王燕在某高专就读法律专业，梦想着有朝一日做律师或者法律顾问，但是该专业找工作的情况并不理想。大三时，班上能进政府部门或事业单位的同学并不多，学习优异的她也一直没找到合适的工作。因男朋友在杭州找到工作，毕业后王燕也来到杭州，为了尽早把工作定下来，王燕阴差阳错地进了一家房地产工作做置业顾问。每周的售楼业绩统计和每月的业绩评比像几座大山一样压得她喘不过气。看着周边同事巧舌如簧地和顾客打交道，而自己却笨嘴拙舌地不擅销售，王燕十分焦急。"我经常怀念大学的时光，很惧怕现实的竞争压力，但是为了在杭州这样的大城市生存下来。"王燕无奈地说，"为了追赶遥不可及的房价，为了不在一帮同学面前过于寒碜，我必须要努力面对这样的生活压力。有时候很想念家乡，有时会莫名地担忧前程，我经常感觉自己的青春无处安放。"

【点评】

一般来说，人的第一次职场经历是相当重要的，它会使新人对职场产生一种固定的印象，形成固定心理状态，从而影响今后的职业心态和职业规划。所以大学生就业，选择去一个根本不了解的工作环境，就是一种冒险，不要轻率地做这样的决定。但一旦做决定就要尽快适应，所以在入职后都要"探险"，探险的结果最终决定了自己以什么形象出现在公司，用什么样的方式进行日常工作，怎样与领导和同事打交道等。

知识拓展

职场新人成长要诀

适应不了工作环境、工作迟迟不能上手、难以融入同事圈……这些问题，是很多职场新人共同的烦恼。目前对大学毕业生作为职场新人的一项调查显示，老员工对新员工的不搭理、每天的琐碎事务、所学专业不为所用等都成为职场新人目前最苦恼的事。有关人力资源专家提醒，职场新人要在工作中如鱼得水还需经历一段酝酿期，诚信、谦虚好学、沟通合作、务实勤奋、责任心强是新人快速成长的要诀。

1. 诚信为先

诚信是一名新人走进职场最被注重的品质。不少企业人力资源经理都表示，诚信的品质比实际技术更加重要，因为学校里学的专业知识毕竟不完整，也在一定程度上缺乏实用性，一般都要到企业中经过实践操作，才会真正熟悉专业技术。这样一来，一个新人最基本的人品和素质就成了企业最关注的东西。

2. 谦虚好学

作为新手，处在一个新环境中，不管有多大的能耐和抱负，也要本着谦虚好学的态度，"少说话多干活"不失为一个好办法，切忌自作主张。刚刚参加工作的新人总是迫不及待地把自己的创新想法说出来，希望得到大家的认可。而实际上，能人能在做大事上，而不是说大话上，工作业绩才是最好的竞争武器。

3. 沟通合作

善于交流和沟通的新人，更容易融入集体。主动友善地接近身边同事，在该发言的时候发言，在该表示关心的时候真诚地关心他人。如果看到这样态度积极的新人，周围其他同事也会很乐意接受这种善意的亲近，并作出相应的反馈。这样双方都能更快地彼此熟悉和了解，不仅有利于新人成长，也有利于工作开展。同时，团队精神也是通过一次次磨合、理解、迁就锻炼出来的。作为新人，有合作的意识将更受企业欢迎。

4. 勤奋务实

一个外企部门主管这样评价部门两个新人："其中一个名校本科毕业的新人透着一股聪明劲，夸夸其谈，开始比较引人注意，我就有意给他锻炼一下，结果一段时间下来，发现此人不踏实，一旦碰到烦琐的事就往后退，最大的毛病是懒，能写50个字绝不写51个，很快就被淘汰了。而另外一个高职高专毕业的新人，看起来不是非常聪明，但后来发现他很勤奋，很快适应了环境，结果在我们那里发展得最好。所以，作为一个职场新人，勤快点总没有错，最忌讳的是眼高手低又懒惰。"

5. 责任心强

很多新人会对办公室的琐事不屑一顾，认为一个堂堂大学生应该干大事。但一些小事常常能反映出员工的责任心，体现出职业素质。对于一些别人都推脱不干的事，新人如果能主动要求接过来做，就会比较容易融入同事圈，得到领导和同事的赏识。其实，做每一件事情，都是向上司和同事展示自己学识和能力的机会；只有做好每一件事，才能取得上司和同事的好感与信任。

【测试1】

心理适应能力测试

指导语：请认真阅读，并决定于自己实际情况的符合程度，然后从每个项目后面所附的三个被选答案中选出一个来，并画"√"。

1. 我每到一个新环境总要经过很长一段时间才能适应。
   A. 是　　　　　　B. 无法肯定　　　　　　C. 不是
2. 每到一个新的地方，我很容易同别人接近。
   A. 是　　　　　　B. 无法肯定　　　　　　C. 不是
3. 在陌生人面前，我经常无话可说，甚至感到尴尬。
   A. 是　　　　　　B. 无法肯定　　　　　　C. 不是
4. 我最喜欢学习新知识或新科学，它给我一种新鲜感，能调动我的积极性。
   A. 是　　　　　　B. 无法肯定　　　　　　C. 不是
5. 每到一个新地方，我第一天总是睡不好，就是在家里，只要换一张床，也会失眠。
   A. 是　　　　　　B. 无法肯定　　　　　　C. 不是
6. 不管生活条件有多大变化，我也能很快习惯。
   A. 是　　　　　　B. 无法肯定　　　　　　C. 不是
7. 越是人多的地方，我感到越紧张。
   A. 是　　　　　　B. 无法肯定　　　　　　C. 不是
8. 我的考试成绩多半不会比平时练习差。
   A. 是　　　　　　B. 无法肯定　　　　　　C. 不是
9. 全班同学都看着我时，我的心都快跳出来了。
   A. 是　　　　　　B. 无法肯定　　　　　　C. 不是
10. 对他（她）有看法，你能同他（她）交往吗？
    A. 是　　　　　　B. 无法肯定　　　　　　C. 不是
11. 我做事情总是有些不自在。
    A. 是　　　　　　B. 无法肯定　　　　　　C. 不是
12. 我很少固执己见，常常乐于采纳别人的观点。
    A. 是　　　　　　B. 无法肯定　　　　　　C. 不是
13. 同别人争论时，我常常感到语塞，事后才想起怎么反驳对方，可惜已经太迟了。

A. 是　　　　　　B. 无法肯定　　　　　　C. 不是

14. 我对生活条件要求不高，即使生活条件很艰苦，我也能过得很愉快。

A. 是　　　　　　B. 无法肯定　　　　　　C. 不是

15. 有时自己明明把课文背得滚瓜烂熟，可在课堂上背的时候，还是会出差错。

A. 是　　　　　　B. 无法肯定　　　　　　C. 不是

16. 在决定胜负成败的关键时刻，我虽然很紧张，但总能很快地使自己镇定下来。

A. 是　　　　　　B. 无法肯定　　　　　　C. 不是

17. 我不喜欢的东西，不管怎样学也学不会。

A. 是　　　　　　B. 无法肯定　　　　　　C. 不是

18. 在嘈杂混乱的环境里，我仍然能集中精力学习，并且效率较高。

A. 是　　　　　　B. 无法肯定　　　　　　C. 不是

19. 我不喜欢陌生人来家里做客，每逢这种情况，我就有意回避。

A. 是　　　　　　B. 无法肯定　　　　　　C. 不是

20. 我很喜欢参加社交活动，我觉得这是交朋友的好机会。

A. 是　　　　　　B. 无法肯定　　　　　　C. 不是

心理适应能力评定方法

评分规则：

（1）凡是奇数号题（1，3，5，7…），选"是"为－2分，选"无法肯定"得0分，选"不是"得2分。

（2）凡是偶数号题（2，4，6，8…），选"是"为2分，选"无法肯定"得0分，选"不是"得－2分。

将各题得分相加，即得总分。

结果分析：

35～40分：心理适应能力很强。能很快地适应新的学习、生活环境，与人交往轻松、大方。给人的印象极好，无论进入什么样的环境，都能应付自如，左右逢源。

29～34分：心理适应能力良好。

17～28分：心理适应能力一般，当进入一个新的环境，经过一段时间的努力，基本上能适应。

6～16分：心理适应能力较差，依赖于较好的学习环境、生活环境，一旦遇到困难则易怨天尤人，甚至消沉。

5分以下：心理适应能力很差，在各种新环境中，即使经过相当长一段时间的努力，也不一定能适应，常常困惑，因与周围事物格格不入而十分苦恼。在与他人的交往中，总是显得拘谨、羞怯、手足无措。

如果自己在这个测试中得分较高，说明自己的心理适应能力较强。但是，如果自己得分较低，也不必忧心忡忡，因为一个人的心理适应能力是随着年龄的增长、知识经验的丰富而不断增强的。只要自己充满信心，把握心理适应能力的策略，刻苦学习、虚心求教、加强锻炼，自己的心理适应能力会大大增强，一定能走出困境，实现更好的发展。

【测试2】

你是否具有职场必需的应变能力？

指导语：职场从来都不是风平浪静的，更多的时候，职场中蕴藏着太多的变化与玄机。身处其中，职场人士能否保有自己的职位，并能在变化中顺势而动，逆风而上，一步步实现自己的职业理想，既取决于一个人的知识水平，又取决于个人的适应能力和应变能力。

1. 每次你的同事或老板升职、转岗、离职，你都有预感吗？
   A. 是　　　　　B. 否
2. 如果你现在的岗位明天可能被突然取消，你能胜任公司内部其他岗位吗？
   A. 是　　　　　B. 否
3. 你对公司宣布的重大政策通常有预见吗？
   A. 是　　　　　B. 否
4. 如果你所在的公司突然被收购了，而你必须离开，你能否在两个月内找到新工作？
   A. 是　　　　　B. 否
5. 你对公司所在行业的发展趋势是否相当了解？
   A. 是　　　　　B. 否
6. 如果你的老板突然调走，公司又没有新的安排，你是否有把握能胜任这个空缺？
   A. 是　　　　　B. 否
7. 你能否正确地理解公司各种重大决策或政策的意图？
   A. 是　　　　　B. 否
8. 如果下属或同事突然离职，公司不再增加人手，你是否有办法保证工作不受影响？
   A. 是　　　　　B. 否
9. 你是否非常清楚公司主要竞争对手的重大人事变动？
   A. 是　　　　　B. 否
10. 如果你现在的岗位被拿出来在公司内部公开竞聘上岗，你有信心重回岗位吗？
    A. 是　　　　　B. 否

计分标准：

（1）回答"是"得2分，回答"否"得0分。

（2）将1、3、5、7、9题得分求和得出敏锐度分数A；将2、4、6、8、10题得分求和得出应变力分数B。

分数解释：

（1）如果A>5，B>5：恭喜你，你有很强的危机意识，也有较强的应变能力，丰富的知识与技能使你善于从容应对各种职场变化。对你来说，要想有进一步的发展，关键在于更好地做准备，有时行动上再果断一些，这样就能获得更多的发展机会。

（2）如果A＞5，B＜5：你属于干着急型，能看到很多变化，但没有足够的应变能力。在职场上，你的适应能力一般。因此，你需要从现在开始注意调整为人处世的方式，凡事再积极一些，主动一些，多一些灵活性和弹性，切记不要安于现状。

（3）如果A＜5，B＞5：你应变力不错，但敏锐度不足，所以生存没有问题，但无法实现主动成长。在今后的职场生活中，你需要多些时间静下来思考，分清楚事情的轻重缓急，并对此采取不同的应对方法。人在忙乱的时候往往会分辨不清，而只有冷静下来，敏锐度才会有所增加。所以，你平时要勤于思考，多学、多看、多听，增加敏锐度和洞察力，让职业发展的决策和判断更为睿智。

（4）如果A＜5，B＜5：你的职场应变力较低，随时都会有职业危机。因此，你需要深刻反省一下，找出让自己懈怠的原因，尤其是找出自己的工作弱点，并对症下药，努力提升岗位胜任能力。职场上总有后浪推前浪，不要成为职场上末位淘汰的首选对象。

第二节　职业发展

一、职业发展目标的确定

职业发展目标的确定是一个人职业生涯中最基本、最重要的内容。那么怎样确定职业发展目标呢？先要明确整个职业发展方向，从而确定职业发展目标。

（一）职业发展方向的确定

职业发展方向就是以现在所处的位置为起点，准备到达的目的地所在的方向。如果以人职圆图的圆心代表个人所处的位置，围绕在圆心周围的圆周上存在着无数个可能的职业发展方向，只有选择了正确的前进方向，才能确定正确的职业目标，才能最终到达目的地。在职业发展的道路上，如果职业发展方向不明或变化很大，尽管付出了巨大努力，也很难取得满意的成绩。

职业发展方向的确定，就是人生目的地所在方向的确定。这一方向应该具有以下几个显著特点：与自己核心的人生价值、人生抱负一致；与自己最强烈、最持久的兴趣相符；与自己的智能特点、潜力匹配；与自己的个性特征协调；符合社会发展需要，顺应社会发展的大趋势；远望可及，不是空想，经过努力有望实现。

（二）职业发展目标的确定

职业发展目标的确定既要科学合理，又要明确可行。一般确定的原则是由远而近、由粗而细的。如果对长期目标较为模糊，则可以用一些表明追求的句子代替具体的职位。如用"活得有权威，有意义"代替"政府高级官员""企业老总"等较具体的职位名称。近期目标必须明确具体，可以有多种选择，但每一个目标都应该明确具体。目标不仅要有一定难度，还要十分明确，确定时应注意以下几点：

1. 人生追求是确定职业发展目标的指针

人生追求的描述应简洁、重点突出。如"生活富足而有意义""活得有尊严,有地位""自主而富有创造性""脱贫致富""简约、安定、快乐""拥有学问,拥有财富"等。

2. 人生职业发展目标是个人希望攀登的最高山峰

职业目标的确定要与人生追求一致,目标应尽可能明确。如"政府高级公务员""学者教授""院士""科学家""企业家""艺术创造人员""军事专家""著名律师"等。如果不能确定很明确的职业目标,则可以用较为模糊的词语表示。如"工作或事业成功""充分发挥个人潜能""能合理地争取较多金钱"等。

3. 阶段发展目标是通向职业高峰的一系列渐渐升高的山峰

从职业目标高峰到自己的脚下,一条漫长的攀登路是由一系列阶段目标连贯起来的。阶段目标由远而近,越来越清晰,越来越具体。例如一个学者教授的、由远而近的阶段目标可能依次是:著名教授、教授、副教授、讲师、助教、见习教师。

阶段目标可多可少,有时不一定很明确,这一条长长的路经常会随着社会和个人的发展变化而改变。

4. 当前目标是清晰可见,很快就要攀登的山峰

其他目标都可以模糊,可以暂时显得高不可攀,唯有当前目标必须十分清晰,十分具体,虽有高度,但经过努力,一定可以成功攀登。

二、职业成功的基本要素

有这样一种现象在高校毕业生中并不罕见:毕业之后的若干年,同学聚会时猛然发现过去在学校里普普通通的人现在当上大领导了;过去调皮捣蛋不好好读书的人做生意赚大钱了;而过去老师和同学眼中规规矩矩的好学生不是原地踏步就是怨天尤人。这到底是什么原因呢?这只能证明学校的"好学生"不一定就能事业有成,从学校到单位的环境与角色转变,有很多事情都需要重新开始,慢慢学习,想要让职业的发展达到自己预期的效果,应注意以下几点要素:

1. 知识是基础

学校里学习的都是系统的理论知识,都有现成的教科书,有教师讲解。到了工作岗位上,实际应用是多角度、全方位的。没有人告诉我们哪个该学、怎么学习,知识积累全靠自己探索。大学生毕业走上工作岗位就会很快发现要学的知识很多,而且是学校里、课本上没有教过的,即使是课本上教的很多也都陈旧、不实用。所以一般的企业对于新人都会组织培训,而且也会安排老员工帮助他们。但是很多职场新人在学校的时候学习就很被动,不写论文从来不查资料,不考试从来不复习。

很多毕业生招聘的时候说自己什么都会干,在实际工作中做错事情却说是由于公司没有培训、没有人来教。学校里学的东西在企业可能会过时,这与知识结构不匹配有关,所以作为大学生,在进入企业之后要不断学习,保持知识方面的更新,同时保持自己在职场上、行业里的竞争力。

在企业一定要让自己处在不断地学习状态,不断更新知识。不懂就学、就问,从主

管身上学,从老员工身上学,从我们的竞争对手和合作伙伴以及客户那里学,学习别人的经验,学习别人好的处事方法和态度,尤其要更多地了解自己所处的行业以及所在企业将会用到的知识。

2. 技能是核心

对于高职高专的学生来说,专业技能是饭碗,企业正是因为我们的技能而录用的。在学校里大家可能已经掌握了一门甚至几门技能,这些技能的掌握情况将决定我们的职业发展前景。虽然在学校里专门学习过,但大多是纸上谈兵,只有在实际运用中,在社会大课堂中才能真正发挥作用。这就要求我们用理论指导实践,用实践深化理论。与此同时,还有一类职业技能不在学校教授的范围之内,如发现问题并解决问题的能力、有效沟通的能力,那么这些就需要我们在实践中观察成功事例、反思自身不足、不断摸索改进,最终运用自如。

职业技能是决定职业生涯成败的核心要素,在学校的时候,一门课程结束了,考试通过了,书本也就束之高阁了;而在我们未来几十年的职业生涯中技能将是伴随我们始终的,因此要求大家不懈努力发展职业技能。

3. 态度是关键

很多资深的人力资源经理都认为:绝大多数职场上的人们彼此之间智商差别并不大,但彼此之间结果差异却各不相同。除年龄、学历等差异外,更多的是来自情商的差异结果。情商说来笼统,实际上就是工作中体现出来的主动工作、吃苦耐劳、诚实认真、尊重他人、宽容自谦等优良品行。一个成功者往往具备超出常人的情商,在他成功背后是不寻常的经历,就如我们常拿冰山来举例子,露在海面上的冰山只占整个冰山体积的三分之一,而绝大多数体积则隐藏在看不到的海底。简单地说,成功的基石是别人看不到的背后的故事。

支持这些优良品行的那种信念以及具备高情商的基础都是态度。也就是说,有了正确的态度,就有了正确的信念;有了正确的信念,就有了良好品行的体现,有了这些就一定会有成功的结果。

态度确定思想,思想决定行为,行为带来习惯,习惯养成性格,性格决定命运,命运改变人生。

4. 身心健康是本钱

没有一个好的身体是无法承担和完成工作任务的,会影响职业成功。现代健康的含义并不仅是传统所指的身体没有疾病。根据世界卫生组织的解释:健康不仅指一个人身体没有出现疾病或虚弱现象,还是指一个人生理上、心理上和社会上的完好状态。现代生活节奏快,工作竞争激烈,人们都在为自己以后更美好的生活而努力着。然而,就在人们努力创造物质财富的同时,身体健康常常被人们忽略。所以,职场新人一定要懂得珍惜身体,培养良好的身心素质。

三、提升工作能力规划与工作

人们在做同样的工作时,由于能力不同,有的人很轻松地就能把问题解决,并且解决得顺利,把事情做得漂亮。而有的人,或许根本就不能解决问题,有的人或者虽然解决了问题，但如果按照他的工作过程去执行，将会麻烦不断。我们很容易就看出哪种人的工作能力更强，那么怎样是具有良好工作能力的人呢？一个人面对自己的本职工作有高度的热心，他就会热爱自己的工作，兴趣是最好的老师；在喜欢和热心的基础上要有高度的责任心，把任何自己做的工作当成一件自己重要的事情，负起责任，就会完成得非常好；在工作的每一个细节上都要细心，就不会出现任何错误，习惯成自然，一旦把这些变成自己永远的习惯再加上专业的技能和职业操守，这样任何一个岗位都会做得很出色，就会成为一个有工作能力的人。那么所谓工作能力规划就是为了让自己达到理想的工作状态、不断提高工作能力而制订的计划和策略。

要想使自己的职业生涯发展得更好，让领导更赏识自己，能够尽快得到职位的晋升，只做个循规蹈矩、不崭露头角的职员是不行的，一定要提升自己的工作能力，那么怎样做好工作能力提升呢？

1. 全心投入和高效率地完成本职工作

对工作一直保持热忱，在职场上展现活力和企图心，甚至在团体里能激起同事工作斗志的人，是企业最想留住或网罗的对象。要让老板认为自己总是全心投入工作，不计较多做一些事，而且是自动自发多做一点，而不是每天上班、下班，只把分内工作做好。如果计较的话，我们就无法接触其他层面的事，也就无法让自己提升成多职能的人，未来也很难向上发展。

职场上，没有哪个不讲效率的员工能获得升迁，也没有哪个领导能长期容忍办事拖拉的员工。要想再职场中一路顺风，炙手可热，最实际的方法就是满足领导的意愿，用最快的速度"消化"领导交代的任务。

2. 具有领会、落实领导意图的执行力

领会领导的意图也是一种能力，我们需要察言观色，需要仔细揣摩着去做。有时，领导的意图可能不会直接表达出来，如果我们能领悟其意，并落实执行，必定会让他心中暗喜，视我们为心腹和知己。这种能力只要运用得当，不过于卖弄聪明，常常会让我们事业上更顺畅。

3. 不断提升自己的价值

一个人没文化可以补，没技术可以学。作为一名普通员工，如果安于原来的"水平"，不去提升自己的价值的话，那就永远是一个平凡者。

不断提升自己的价值，关键是不要给自己设限。这种"限"不仅是指自己觉得能做的高度，同时还有自己做的宽度。提升自己价值的过程，自己不必在意领导有没有注意到，也不必计较自己多做的事情会不会得到报酬。如果自己能达到这种境界，最终的价值必然决定了自己不可替代的"身份"

4. 提高职场情商

职场情商又称职业情商，就是一个人掌控自己与他人情绪的能力在职场与工作中的具体表现，更加侧重对自己和他人的工作情绪的了解和把握，以及如何处理好职场中的人际关系，是职业化的情绪能力的表现。

身在职场，无论从事哪种职业，身居何种职位，"智商决定是否录用，情商决定是否升迁"已成为决定职业发展的重要信条。目前许多企业在招聘新员工时，也越来越重视考察应聘人员的情商素质，通过心理测试或情商测验等手段来测试应聘者情商的高低。一个人的知识、经验和技能等智力因素固然重要，但是，进入单位之后，影响和决定一个人职业发展的关键因素却是情商素质的高低，一个人事业成功与否，通常认为20%取决于智商因素，80%取决于情商因素。

5. 挖掘自己的潜能

美国著名心理学家威廉·詹姆斯曾说："一般人只发展了10%的能力。跟我们应做到的程度相比，我们等于只醒了一半；我们只使用了身心的很少一部分。再扩大一点来说，一个人等于只活在他体内有限空间的一小部分。他具有各种各样的能力，却习惯性地不懂怎么去利用。"一个正常人的大脑记忆容量有大约6亿本书的知识总量，相当于一部大型电脑储藏量的120万倍。它使我们从出生开始每一分钟可以储存1000条信息，直到老死为止。苏联学者伊凡认为："如果我们迫使头脑开足四分之一的马力，我们就会毫不费力地学会50种语言，把整个百科全书从头到尾背下来，还可以完成几十个大学的博士学位。"

人的大脑是个无尽的宝藏，可惜的是每个人终其一生，都忽略了如何有效地发挥它的"潜能"，所以在人一生的职业生涯中要主动去挖掘和开发自己的潜能，这样才能不断提升自己的职业能力。

案例 1

职场新人"裸辞"看似潇洒实为抗压能力差

29岁的王小姐就是典型的"裸辞族"，5年间换了5份工作，每次都是裸辞。虽然她很顺利地找到了新的工作，但与上一份工作相比，并没有什么提升。5年前，王小姐是专员，5年后，她还是专员。眼看自己"奔三"了还在基础岗位上打拼，王小姐很后悔。她向记者讲述了自己的职场故事。

"我大学学的是人力资源管理专业。毕业后，顺利留在了大四时实习的企业，那是一家中等规模的培训企业，我的职位是培训专员。入职后，我发现办公室的氛围与之前不一样了。虽然同事一个个都是老面孔，却让我觉得陌生。实习时，大家对我都很和气，碰到什么问题，叫一声'老师'，就有人愿意教我。但现在是正式员工了，他们对我就不如以前耐心了。由于我入职晚，叫外卖、拿快递一类的差事都会落到我身上，我也不好拒绝，但感觉很窝囊。有一天，我手头正有一堆事情，一个年长的同事叫我去收拾一下会议室，因为里面刚开过会，地上有不少烟灰。我一听就生气，打扫的时候，越想越气，忍不住哭了。从会议室出来，我就决定不干了。这是我的第一次裸辞。

很快，在招聘会上，我找到了一份对口的工作。这次是在一家中型服装企业担任人事专员，负责员工入离职和绩效考核工作。工作比较烦琐，待遇也一般，问题是离家有些远。半年后，我又离职了。

不久，我通过招聘网站又找到了一份人事专员的工作。这次是一家大型家电产品制造企业。一年后，在一次主管竞聘中，我落选了，比我后来的一个男同事当了主管。后来得知，上司认为人事部该由一个男主管来主事。对此，我很不甘心。我想，我应该去一个没有性别歧视的企业，我就又'走'了。

第四份工作是在一家人力资源企业里担任行政专员。有一次，我操作电脑时，不小心把企业里一些重要文件给删除了。这件事给整个部门都带来了麻烦，我觉得自己像个罪人。之后一段时间，上司都没有给我分派重要的工作。我想，这个坏印象，怕是很难改变了。于是，我递交了辞职信，并且暗暗告诫自己，下一份工作，一定不要再犯这样的低级错误。

最近一份工作是在一家电子商务企业里担任企划专员。入职后，我发现我很难和其他同事打成一片。他们都是很朴实的人，而我每天都要精心打扮才出门，就连平时喝的花茶，也不下七八个品种。我试着和大家聊天，他们的反应有些冷淡。下班后我建议去K歌，也没有人响应。他们双休日去踏青，也不会叫上我。辞职前一天，我无意中听到大家在议论我，说我是'绣花枕头'。当时我就冒火了，心想，我也不要和这帮'土鳖'共事了。第二天，我就辞职了。

也就在这段时间里，我的一些大学同学建立了一个QQ群，大家一起聊聊自己最近的工作和生活。我这才发现，时光飞逝，转眼距离毕业已经5年了，同学们有的创业当了老板，有的成了企业里的主管、经理，没有人像我一样还是一个'小专员'，这让我既沮丧又困惑。回想起来，我每次离职都很冲动，每次入职也很仓促，我一直认为工作好找，却没发现，自己一直在原地踏步。"

【点评】

"裸辞"多发生在职场新人身上，表面看来是冲动，实际上是适应能力和抗压能力较差的表现。因为，在所有解决问题的方法中，甩手不干无疑是最简单的一种。但这样的选择无论是对企业还是对当事人，都是不负责任的。王小姐正是一次次"裸辞"，才让她在工作5年后，仍在专员的岗位上。

案例2

一条忍着不死的鱼

在距非洲撒哈拉沙漠不远处的利比亚东部，有一个叫杜兹的偏远农村，这里白天的平均气温高达42摄氏度，一年中除了秋季会有短暂的雨水外，其他绝大部分时间都是骄阳似火，酷热得如同一座"火焰山"。

然而，就在这样一个恶劣的环境中，却生长着一种世界上最奇异的鱼，它能在长时间缺水、缺食物的情况下，忍着不死，并且通过长时间的休眠和不懈的自我解救，最终等来雨季，赢得新生，它便是非洲的杜兹肺鱼。每年当干旱季节来临时，杜兹河流的水都会枯竭，当地的农民便再也无法从河流里取到现成的饮用水了。为了省事，当他们在劳作时口渴了，便会挖出河床里的淤泥，找出几条深藏在其中的肺鱼，肺鱼的肺囊内储存了不少干净的水。农民只要将挖出来的肺鱼对准自己的嘴巴，然后用力猛地挤上一顿，肺鱼体内的水便会全部流入他们的口中，帮他们方便地解渴。当肺鱼体内的水全部被挤干后，农民便会将其随意地一扔，不再顾及它们的死活。

有一条叫"黑玛"的杜兹肺鱼就不幸遭受到这样一个可怕待遇，当一个农民挤干了它的水分后，便将它抛弃在河岸上。无遮无挡的黑玛被太阳晒得直冒油，生命垂危。好在，它拼命地蹦呀、跳呀，最后终于跳回到了之前的淤泥中，重新捡回了一条命。但是，不幸远没有就此打住。很快，又有一个农民要搭建一座泥房子，于是他开始到河床里取出一大堆的淤泥，好用它们做成泥坯子。不巧，黑玛正好就在这堆淤泥中，于是，它又被这个农民毫不知情地打进泥坯里，然后放在烈日和高温下烤晒，直至泥坯从外到里都被晒得干干透透，烤得榨不出一丝湿气来，藏在里面的黑玛也几乎成了一条"干鱼"。泥坯晒干后，那个农民便用它们垒墙，黑玛很自然地便成了墙的一部分，完全被埋进墙壁里，没有人知道墙里还有一条鱼。此时墙中的黑玛已完全脱离了水，而且没有任何食物，它必须依靠肺囊中仅有的一些水，迅速进入彻底的休眠状态之中，以休眠状态度过杜兹长达6个月的干旱季节，否则就只能是死路一条。在黑暗中整整等待了半年后，黑玛终于等来了久违的短暂雨季，雨水将包裹黑玛的泥坯轻轻打湿，一些水汽便开始朝泥坯内部渗入。湿气很快将黑玛从深度休眠中唤醒了过来，体衰力竭且体内水分已基本耗尽的黑玛，开始拼命地整天整夜地吸呀吸，好将刚进入泥坯里的水汽和养分一点点地全部吸入肺囊中——这是黑玛的唯一自救办法。当再无水汽和养分可吸之时，黑玛又开始新一轮的休眠。很快，新房盖好后的第一年过去了，包裹着黑玛的泥坯依旧坚如磐石，黑玛如同一块"活化石"被镶嵌在其中，一动也不能动。黑玛深知此时再多的挣扎都是徒劳，唯有静静等待。第二年，在自然以及地球重力的作用下，泥坯彼此之间已不如之前密合得那么好，它们开始有了些松动。黑玛觉得机会来了，它不再休眠了，而是开始日夜不停地用全身去磨蹭泥坯，磨呀磨，蹭呀蹭，生硬的泥坯刺得黑玛生疼，但它始终没有放弃和停歇，在它的坚持下，一些泥坯开始变成粉末状，纷纷下落。在黑玛昼夜不断的磨蹭之下，第三年它周围的空间大了许多，甚至可以让它打个滚，翻个翻身了。但是，此时的黑玛还是无法脱身，泥坯外还有最后一层牢固的阻挡。改变命运的转机发生在第四年，一场难得一见的狂风夹带着豆粒般大小的暴雨，终于在某个夜里呼啸而至，更可喜的是，由于房子的主人已在一年多前弃家而走了，这座房子已年久失修，在暴雨和狂风的作用下，泥坯开始纷纷松动、滑落，直至最后完全垮塌，此时，黑玛用尽全身最后的一点力气，与暴风雨内应外合，一较劲，破土而出了！沿着满路面下泻的流水，重见天日的黑玛很快便游到不远处的一条河流中，那里有它期待了4年的一切食物和营养——这条叫黑玛的肺鱼终于战胜了死亡，赢得重生！这是杜兹，也是整个撒哈拉沙漠里的生命奇迹，而这个奇迹的名字显然便叫坚持和忍耐！

【点评】

职场中的我们,也许正面临着这样的窘境,但是千万要相信,困难是暂时的,身处绝境的我们会因为自身的坚持与忍耐而逢生。我们是不是一条忍着不死的鱼?请在即将放弃时,再坚持一会儿,也许这一小会儿的忍耐会让我们看到更灿烂的艳阳。

 案例3

目标必须用行动来实现

杰森和约翰是邻居,他们的家坐落在离小村两公里远的山坡上,那里空气清新,景色宜人,而且每到春夏交替的那段日子,山花与松叶所散发的清香就会弥漫整个山谷,惬意极了。然而美中不足的是,在通往他们两家的路上,有一棵胡杨树挡在路中,每次开车路过时,他们不得不小心翼翼地绕过它。

一天杰森和约翰在路上相遇了,他们商量要把这棵树砍掉,并且约翰想要明天就动手。

"可是我明天有一件非常重要的事情!"杰森说。

"那么就过几天好了,我想我们会干得很好的!"约翰耸了耸肩说。

然而事情的发展并没有像约翰所预想的那样。几乎每次谈及此事,他们都会有一些意外的事情要去处理。就这样,日子一天天地过去了,一年、两年、五年、十年、二十年……当他们须发斑白的时候,一天,两位老人再次在树旁相遇了。

"老伙计,我们真的应该把它砍掉了,要不然琳达和凯森他们会在这里出事的。看,这家伙的体型越来越大了,占据了半条路的空间。"约翰望着已经长得粗壮如柱的胡杨树说。"是啊,这么久了,我们还是没有砍掉它,这回我们该用锯子锯喽!"杰森边说边蹒跚着向家里走去,他决心用小钢锯锯断它。

可是,由于他们已年老体迈,再也拉不动那把小钢锯了。

【点评】

杰森和约翰要完成的工作目标很现实,也没有难度,但终生无法实现,他们缺少的是务实的行动。人不能没有理想,要确立一个符合实际的理想也很重要,但最重要的是用行动付诸实施。我们不能做语言上的巨人和行动上的矮子,我们要牢记古训"勿善小而不为,勿恶小而为之"。

 知识拓展

美国劳工部公布的最受雇主欢迎的10种技能

1. 解决问题的能力

那些能够发现问题、解决问题并迅速做出有效判断的人,就业行情将持续升温。特别是在商业经营、管理咨询、公共管理、科学、医药和工程领域，人才需求量骤增。

2. 专业技能

工程、通信、汽车、交通、航空航天等领域，需要大量能够对电力、电子与机械设备进行安装、调试和修理的专业人员。

3. 沟通能力

一个公司的成功，很多时候取决于全体职员能否团结协作。因此，人力资源经理、人事部门官员和管理决策部门必须尽量了解职员的需求，并在允许的范围内尽量予以满足。

4. 计算机编程技能

如果能够利用计算机编程的方法满足某个公司的特定需要，那么获得工作的机会将大大增加。

5. 培训技能

能够在教育、社区服务、管理协调和商业等方面进行培训的人才，需求量逐年增加。

6. 科学与数学技能

拥有科学和数学头脑的人才，需求量也将骤增，以应对这些领域的挑战。

7. 理财能力

投资经纪人、证券交易员、退休规划者、会计等职业的需求量也将继续增加。

8. 信息管理能力

系统分析员、信息技术员、数据库管理员以及通信工程师等掌握信息管理能力的人才，将会非常吃香。

9. 外语交际能力

掌握一门外语将有助于人们找到工作的机会。对于美国人来说，现在热门的外语是俄语、日语、汉语和德语；对于中国人来说，掌握英语显得尤为重要。

10. 商业管理能力

掌握成功运作一个公司的方法是至关重要的。这方面最核心的技能，一方面是人员管理、系统管理、资源管理和融资的能力；另一方面是要了解客户的需要并迅速将这些需要转化为商机。

【测试1】

工作主动性测试

1. 在工作中你愿意：
   A. 与别人合作　　　　B. 说不准　　　　C. 自己单独进行
2. 在接受困难任务时：
   A. 有独立完成的信心
   B. 拿不准
   C. 希望有别人的帮助和指导
3. 希望把你的家庭设计成：

A. 有自己活动和娱乐的世界
B. 与邻里朋友活动交往的空间
C. 介于 A、B 之间

4. 解决问题借助于：

A. 独立思考　　　　　　B. 与别人讨论　　　　C. 介于 A、B 之间

5. 在以前与异性朋友的交往：

A. 较多　　　　　　　　B. 一般　　　　　　　C. 比别人少

6. 在社团活动中，是不是积极分子？

A. 是的　　　　　　　　B. 看兴趣　　　　　　C. 不是

7. 当别人指责你古怪、不正常时：

A. 非常生气　　　　　　B. 有些生气　　　　　C. 我行我素

8. 到一个新城市找地址，一般是：

A. 向别人问路　　　　　B. 看地图　　　　　　C. 介于 A、B 之间

9. 在工作上，喜欢独自筹划或不愿别人干涉：

A. 是的　　　　　　　　B. 不好说　　　　　　C. 喜欢与人共事

10. 你的学习大多依赖于：

A. 阅读书刊　　　　　　B. 参加集体讨论　　　C. 介于 A、B 之间

回答完上述全部问题，请按照表 3-2 的测评标准核分。

表 3-2　工作主动性测试测评标准

题号	1	2	3	4	5	6	7	8	9	10
A	0	2	2	2	0	0	0	0	2	2
B	1	1	0	0	1	1	1	2	1	0
C	2	0	1	1	2	2	2	1	0	1

测评分析：

15~20 分：自主性很强。自立自强，当机立断。

11~14 分：自主性一般。对某些问题常常拿不定主意。

0~10 分：自主性低。依赖、随群、附和。

根据测评结果，为自己制定一个工作目标，使自己能成为积极主动型人才，因为这是我们事业成功的重要因素之一。

通过职业心理测试，大学生可以知晓自己的长处，也清楚了自己的弱点，学会充分利用自己的优势，也会弥补或修正自身的弱点。

【测试 2】

自制力测试

测评目标：自制力指数。

测评说明：下列各题中，每题有 5 个备选答案，根据自己的实际情况，选择一个最

第三章 职业适应与职业发展

合适自己的答案：A. 很符合自己的情况；B. 比较符合自己的情况；C. 介于符合与不符合之间；D. 不太符合自己的情况；E. 很不符合自己的情况。

1. 我很喜爱长跑、远涉、爬山等体育运动，但并不是因为我的身体条件适应这些项目，而是因为这些运动能够锻炼我的体质和毅力。（　　）
2. 我给自己订的计划，常常因为主管的原因不能如期完成。（　　）
3. 一般来说，我每天都按时起床，不睡懒觉。（　　）
4. 我的作息没有什么规律性，经常随自己的情绪和兴致而变化。（　　）
5. 我信奉"凡事不干则已，干则必成"的信条，并身体力行。（　　）
6. 我认为做事情不必太认真，做得成就做，做不成便罢。（　　）
7. 我做一件事情的积极性，主要取决于这件事情的重要性，即该不该做；而不在于这件事情的兴趣，即不在于想不想做。（　　）
8. 有时我躺在床上，下决心第二天要干一件重要事情，但到第二天这种劲头又消失了。（　　）
9. 在工作和娱乐发生冲突时，即使这种娱乐很有吸引力，我也会马上决定去工作。（　　）
10. 我常因读一本引人入胜的小说或看一出精彩的电视节目而忘记时间。（　　）
11. 我下决心办成的事情（如练长跑），不论遇到什么困难（如腰酸腿疼），都会坚持下去。（　　）
12. 我在学习和工作中遇到了困难，首先想到的就是问问别人有什么办法。（　　）
13. 我能长时间做一件事情，即使它枯燥无味。（　　）
14. 我的兴趣多变，做事时常常是这山望着那山高。（　　）
15. 我决定做一件事时，常常说干就干，决不拖延或让它落空。（　　）
16. 我办事喜欢挑容易的先做，难做的能拖就拖，实在不能拖时，就赶时间做完算数，所以别人不太放心让我干难度大的工作。（　　）
17. 对于别人的意见，我从不盲从，总喜欢分析、鉴别一下。（　　）
18. 凡是比我能干的人，我不太怀疑他们的看法。（　　）
19. 我喜欢遇事自己拿主意，当然也不排斥听取别人的建议。（　　）
20. 生活中遇到复杂情况时，我常常举棋不定，拿不定主意。（　　）
21. 我不怕我从来没有做过的事情，也不怕一个人独立负责重要的工作，我认为这是对自己很好的锻炼。（　　）
22. 我生来胆怯，没有十二分把握的事情，我从来不敢去做。（　　）
23. 我和同事、朋友、家人相处时，很有克制能力，从不无缘无故发脾气。（　　）
24. 在和别人争吵时，我有时虽明知自己不对，却忍不住要说一些过头话，甚至骂对方几句。（　　）
25. 我希望做一个坚强的、有毅力的人，因为我深信，有志者事竟成。（　　）
26. 我相信机遇，很多事实证明，机遇的作用有时大大超过个人的努力。（　　）

测评标准：

单数题号：A 记 5 分，B 记 4 分，C 记 3 分，D 记 2 分，E 记 1 分；

双数题号：A记1分，B记2分，C记3分，D记4分，E记5分。

然后各题得分相加，统计总分。

测评分析：

第一类：111分以上，自制力很强；

第二类：91～110分，自制力比较强；

第三类：71～90分，自制力一般；

第四类：51～70分，自制力比较薄弱；

第五类：50分以下，自制力很薄弱。

这五类中，你是哪一类？如果是90分以下，即第三类到第五类，你可要注意培养自己的自制力了，否则，对你的发展不利。

能力训练

1. 采访两位顶岗实习或预就业表现出色的学生，了解他们适应职场的体会。

2. 参加一次职业实践活动，把自己角色转换过程中的心理体会和经验教训记录下来。

第三节　职业流动与职业再选择

一、职业流动

职业流动（Occupational Mobility）是指劳动者在不同职业之间的变动，是劳动者放弃而又获得劳动角色的过程。职业流动既是社会流动的重要内容，也是社会流动的形式之一；既是衡量社会变迁的重要指标，也是劳动者职业生涯运动发展、变化的重要内容。

（一）职业流动的原因

（1）社会进步、科学技术水平的提高是促成职业流动的根本原因。"大工业的本性决定了劳动的变换、职能的更换和工人的全面流动性。"在科学技术迅猛发展的今天，面对信息时代的挑战，为了保证社会再生产的正常进行，就必须承认职业的合理流动，打破"从一而终"的传统就业观念。

（2）就业制度是促成职业流动的保障条件。劳动力市场是市场经济的基本要素，在市场经济条件下，市场机制不仅配置和调节着社会的物质资源，而且也配置和调节着人力资源。今天，双向选择意味着契约性的交换方式和交换过程。对于劳动者而言，他（她）可以自由地寻找到能够发挥自己的能力、专长、志趣的有发展前途的单位（或部门）及劳动岗位；另外，对用人单位而言，则可以自由地按职业需要来选择合适的劳动者。如果任何一方甚至双方发现在双向选择中有了差错，经过彼此同意便可以解除契约或期满后不再订约，从而使差错得以纠正。

（3）就业的社会心理因素对职业流动具有指导和约束的作用。就业主体受其主观意识、情感愿望、价值取向、伦理规范以及社会习俗沿袭和继承下来的就业观念的影响，对职业流动往往做出好与坏的评价。

（4）利益驱动。不可否认，职业流动存在着利益驱动的问题。当前，职业还是人们谋生的手段，通过职业活动，谋取个人生存、发展以及提高家庭物质文化生活水平所需要的经济条件。由于职业在不同地区和不同用人单位给劳动者所支付的劳动报酬的差别，促使劳动者从收入低、待遇低的职业岗位，流向能够获取"高薪"的职业岗位，从而导致职业流动。

（5）职业能力水平对职业流动产生一定的影响。个人对职业有个适应过程，个人的职业能力展现也需要一定的过程。由于个人不适应或不称职，也会导致职业流动。特别是在当代社会，随着科学技术的迅速发展，职业内容和能力要求越来越高，信息和技术的更新越来越快，每一次更新，都会引起由于不适应或不称职导致的职业流动。

(二) 职业流动的形式

（1）以职业地位和职业声望为标准，可以把职业流动分为水平流动和上下流动。劳动者在同一职业地位和同一职业声望的职业系列中的流动就是水平流动；劳动者在不同地位等级和不同职业声望的职业系列中的流动就是上下流动或垂直流动，从一种职业地位等级较低的职业流动到社会地位较高的职业就是向上流动，反之则为向下流动。

（2）从职业流动引起社会职业结构性变化的情况看，表现为结构性流动和个别流动。凡是职业流动引起和影响社会职业结构发生大规模变动的流动就是结构性流动。例如，英国的圈地运动使大批农民失去土地进城当雇佣工人，使农民和工人两大职业系统发生结构性变化。再如，科学技术的迅猛发展，新技术的广泛应用，第三产业职业的需求量大增，伴随而来的必然是职业的结构性流动。由劳动者个人自身因素引起而对职业结构变化的无足轻重的职业流动，就是个别流动。

二、职业再选择

随着市场经济和我国就业体制机制的发展变化，就业者早已打破了一次就业定终身的观念。在初次就业的过程中，就业者逐渐认识到自身和现从事职业的关系。对现从事的职业不满意的就业者，可以根据个人的职业意向和个性特点以及社会需要，重新选择职业。

(一) 职业再选择的含义

职业再选择是指就业者在初次就业的基础上，对目前从事的职业不能满足个人发展的需要，可以根据自己的职业意向、职业兴趣和职业能力以及个性特点、社会需要等，在众多的职业岗位中再选择适合自己的职业岗位的过程。它主要包括两方面的含义：一是用人单位对就业者的需求,二是就业者对用人单位的选择。可见,职业再选择也是一种双向的选择。

职业再选择对择业者而言,是个人再次挑选就业岗位的过程,即个人基于对不同职业的不同看法,出于对个人的兴趣爱好和特长的挖掘与深刻认识,结合自身条件,对职业岗位进行的再次选择。

1. 职业再选择是人生意向的重要决策

职业再选择,是个人经过对自己的就业方向和职业发展经过实践锻炼的比较、思考和确定,是人生的一项重要决策。职业再选择是个人在一定的职业生活后,在适应职场生活、找准个人定位、实现个人价值时期的关键环节。选择好一个职业,走向新的岗位,也是人生命运的转折点。

2. 职业再选择是个人能力意向与社会岗位的统一

人是具有能动性的,在职业发展的问题上,每个人都有一定的意愿和意向。不同的人有不同目标和追求,社会上的职业岗位对再选择的就业者也要进行挑选。因此,选择是双向的。个人和用人单位作为双向选择的主体,个人的能力条件与用人单位的需求是统一的。在这种双向选择中,个人的能力、意愿与社会的岗位需求结合起来,实现有机的统一,个人才能真正实现职业再选择。

3. 职业再选择是一种现实化的过程

每个人的一生中会做出很多次的选择,但是并不代表每一次的选择都不会改变。由于个人的认识,包括对自身的认识和社会的认识是局限的,在高考报考志愿和就业择业的过程中难免会出现偏差。这就需要人要不断地反思自己,如何更好地选择一个适应自己职业发展的岗位,更好地实现个人的社会价值。职业再选择就是一种个人职业意向的现实化过程。

首先,职业再选择是个人向客观现实妥协的过程。当个人的职业意向与现实不相符、存在着矛盾和冲突时,个人的职业再选择就是个人打破幻想、承认现实的过程。其次,职业再选择是职业观自我调适的过程。当代大学生在初次就业的过程中,没有对现实有清醒的认识,往往存在着幻想,对自我和社会的评价过高,对现实的认识不清,导致在初次就业的过程中对选择职业岗位的标准认识不清,在初次就业的过程中,没有找到充分发挥个人才能的岗位经过职场的锻炼,逐渐认识到自身的不足和社会的真正需求,经过自我反思后做出职业再选择的决定,相对于初次就业更加成熟,从而科学合理地完成人生职业生涯的重要调试和决策过程。

(二) 职业再选择的基本原则

1. 客观原则

从客观实际出发,是职业再选择的首要原则。

首先要把社会需要放在首位。社会在不断地发展变化,社会的需求也在不断地发展变化。在职业再选择的过程中,一定要认真分析社会需要,择世所需,把社会需要作为职业再选择的出发点和归宿,以社会对自己的要求为准绳,去观察、认识问题,进而决定自己再选择的职业岗位。

其次要发挥个人优势。一个人在职业再选择的过程中，综合考虑自己的素质情况，根据自身的特长和优势选择职业岗位，以利于在职业岗位上能够顺利、出色地完成本职工作，更好地实现人生价值。发挥个人优势主要包括以下三个方面：

(1) 发挥专业所长。大学生经过大学阶段的学习，不仅具有较为扎实的基础知识，而且具有一定的专业知识。因此在选择职业岗位时，要从所学专业出发，做到专业基本对口。这样就可以在职业岗位上发挥所长，大显身手。

(2) 发挥能力所长。由于个人的情况不同，能力也有差异，根据不同的能力选择不同的职业岗位，是充分发挥个人素质优势的最佳体现。比如，有的人语言表达能力较强，适合从事宣传、销售工作；有的人设计能力较强，适合从事设计工作；有的人研究能力较强，适合从事科研工作；有的人组织能力较强，适合从事管理工作。由此可见，根据自己的能力所长选择职业岗位，既是胜任工作的需要，也是发挥个人最大潜力、进行创造性劳动的需要。否则，事与愿违，就会贻误事业与前程。

(3) 适当考虑性格特点。就性格本身来讲，并不能决定一个人的成才方向和成就的高低。同一种性格的人，有的可能很有作为，有的则可能一事无成。性格相异的人也可能在同一领域、同一职业中成才。但是，在职业再选择的过程中，要考虑自己的性格特点，充分发挥性格所长则是十分必要的。

最后要基于现实。当一个人原来的就业岗位不能满足自己职业发展的需要时，个人要根据现实的需要进行重新选择。而由于自身的条件和社会的需要没有达成一致时，个人要向社会妥协，选择一种与自己的"理想职业"相接近的职业，做好职业生涯规划，通过阶梯式的方式实现自己的"职业理想"。

2. 主动原则

大学生在职业再选择的过程中不能消极等待，更应主动出击，积极参与。这里所说的主动原则，主要包括以下三个方面：首先要主动参与职业岗位竞争。竞争机制的引入，冲击着各行各业，也冲击着人才就业市场。竞争使人们增加了紧迫感和危机感，也增加了责任感。从某种意义上说，职业岗位的竞争，就是靠才华、靠良好的素质去争取的一份比较理想的职业。其次要主动地了解人才供求信息和规格要求。由于社会对大学生的要求在不断发生着变化，因此主动了解用人单位对人才规格的要求和需求信息，对有的放矢地选择职业岗位有着重要意义。最后要主动完善自己。大学生应根据社会需要，加强学习、主动提高、完善自己，以尽快适应新的工作岗位。

3. 主次原则

人们在职业再选择的过程中，摆在就业者面前的选择是多方面的，比如单位性质、工作地点、工作条件、生活待遇、使用意图、发展方向等诸多方面的条件。有些条件是现实的，有些是虚幻的；有些是合理的，有些是过分的；有些是主要的，有些是次要的。但是这些条件不可能都能满足心愿，这就需要就业者在再选择的过程中要权衡利弊，做出决策，要抓住主要的、现实的、合理的条件，抛弃次要的、幻想的、过分的条件，切不可因一味求全、急功近利、好高骛远而失去良机。

4. 立足长远的原则

就业者在选择职业时，不能只看眼前利益，不看企业发展前景；不能只看暂时困难，而不看企业的未来；不能只图生活安逸，而不顾事业的追求等。选择职业时，要站得高，看得远，放开视野，理清思路，把自己的命运紧紧地和祖国的命运联系在一起，找到自己的最佳位置，牢牢地把握好职业选择的主动权。

三、努力实践 奋斗成才

（一）立足岗位，脚踏实地

随着高等教育改革和社会对人才需求水平的提高，大众化教育条件下的大学毕业生，在毕业后从事的岗位大多是一线工作。工作环境和条件相对于大学生的理想存在着很大的差距。有的学生认为在平凡的一线岗位就不会成功，这种观点是错误的。社会需要不同层次、不同类型的劳动分工，每一个社会的发展都离不开平凡的岗位。每个人的成功不完全在于他所从事的职业，而是在不同的职业领域内取得的成功。有些成功是阶段性的成功，有些成功是终身追求的成功。无论在任何职业岗位，只要立足岗位，踏实肯干，得到个人和社会的认可就是成功。

大学生想要成就一番事业，实现自己的职业理想，必须从平凡岗位和点滴小事做起。如果连平凡的岗位和小事都做不好，也就谈不上成功。但凡成功人事，无一不是从平凡的岗位做起。例如，李嘉诚是从泡茶、扫地的小学徒开始，马云从做小商品买卖养活翻译社开始成功的。大学生要实现自己的职业目标和人生追求，要重视从最小的目标开始。实现小目标后向人生更大的目标挑战，踏踏实实地踩在每一个成功的小阶梯上，才能登上人生的高峰。

（二）学习锻炼，增长才干

科技日新月异，每个人都要不断补充、更新知识，提高技能，才能在激烈的市场竞争中立于不败之地。古人云"活到老，学到老"。在科技迅猛发展的 21 世纪，终身学习早已不是发展的需要，而是人生存的需要。只有做到终身学习，才能不断获取新信息、新机遇，不断丰富和完善自己。

实践是个人理想最终实现的唯一途径。一个人的知识只有在实践中锻炼才能得到丰富、完善和发展。大学生只有在实践锻炼中才能成长，不断成熟。实践不仅能使人获得能力，还能使人获得高尚的品质。大学生要实现人生价值，根本途径在于投身于社会生活中，通过实践，增长才敢，获得真知，并在回报社会中升华自己的理想，实现人生的美好追求。

（三）树立理想，锤炼意志

一个人只有树立了远大的理想，才能激发热情，充分发挥个人的主观能动性，为实现自己的理想而不断拼搏奋斗。法国微生物学家巴斯德在青年时代就认识到立志、工作和成功三者的关系，他说："立志是一件很重要的事情。工作随着志向走，成功随着工作来。立志是事业的大门，工作是登堂入室的旅程。"人生要有大志，也要有小的目标。小的目标促使人不断进步，逐渐接近理想目标。

每个人的成功都不是一帆风顺的，物理学家焦耳花了38年的时间测定热功当量；迈克逊用了47年时间精确地测出光的速度。在他们成功的背后，如果没有坚强的意志，又怎能获得成功。当确立志向后，要通过成功与失败的实践，不断锤炼自己的意志。面对人生的失败和困难，要充满信心，在失败中汲取教训，在逆境中提高进步，享受战胜困难的快乐，以坚强的意志战胜挫折。

知识拓展

性格与择业

由于人们从事的职业各自具有不同的特点，因而对从业人员的性格特点也会提出不同的要求。一般来说，开朗、活泼、热情、温和的性格，比较适合于从事外贸、涉外工作、文体工作、教育工作、服务工作以及其他与人群交往多的职业；多疑、好问、倔强的性格，比较适合于从事科研、治学方面的工作；深沉、严谨、认真的性格，比较适合做人事、行政、党务工作；而勇敢、沉着、果断与坚定是新型企业家和管理者不可缺少的性格。一位瑞士心理学家把人的性格分为四类，认为每一类性格都有与之相适应的职业范围。

第一类：敏感型

这类人精神饱满，好动不好静，办事喜欢速战速决。但行为常有盲目性，有的情绪不稳定。这类人最多，约占40%。职业范围为运动员、行政人员及一般性职业。

第二类：情感型

这种人感情丰富，喜怒哀乐溢于言表，不喜欢单调生活，爱刺激，爱感情用事，对新事物很有兴趣。这类人约占25%。合适的职业范围有演员、导演、活动家、护理人员等。

第三类：思考型

这类人善于思考，逻辑思维发达，有较成熟的观点，生活、工作有规律，时间观念强，重视调查研究的精确性。但有时思想僵化，缺乏灵活性。这类人约占25%。合适的职业范围是工程师、教师、财务人员和数据处理人员。

第四类：想象型

这类人想象力丰富，憧憬未来，喜欢思考问题。有时行为刻板，不易合群。这类人约占10%。比较合适的职业范围是科学工作者、发明研究人员、艺术工作者及作家。

案例

弃北大上技校的周浩

周浩,在2008年的高考中以660多的高分,名列青海省理科前5名。本来他想报考北京航空航天大学,但遭到了家人和老师的一致反对,父母觉得这样高的分数不报考清华、北大简直就是浪费,高中班主任希望他能报考更好的学校。"我从小就喜欢拆分机械,家里的电器都被我重装过。在北京航空航天大学,有很多实用性的课程,这比较对我的胃口。"但是,周浩最终还是妥协了,没想到,当年的妥协竟困扰了他两年多。

到了北大,周浩以为可以有一个新的开始,会习惯这里的生活。大一第一学期,周浩努力地适应一切,浓厚的学习氛围、似乎永远也上不完的自习、激烈的竞争环境……从小就喜欢操作和动手的周浩开始感受到了不适应。到了第二学期,理论课更多了,繁重的理论学习让周浩觉得压力很大。没有兴趣的专业让周浩痛不欲生,每天接受的都是纯粹的理论更让他头脑发胀。

在经历了大学一年的困惑、迷茫之后,周浩决定大二休学一年。休学期间,他当过电话接线员,做过流水线工人,没有一技之长又不擅长交际的周浩感受到了社会的残酷。周浩以为初入社会的挫败感让自己能喜欢上北大的生活,静下心来学习,能再次接受自己不喜欢的专业。然而,重新回到校园的时候,周浩有了比以前更大的不适应感,他越来越觉得自己实在不适合学习这门专业。

在旁听、转院、逃避都没有解决问题的情况下,周浩开始打起了转校的"算盘"。了解了自己高学历的优势,周浩开始选择适合他的学校。"在网上搜到了北京工业技师学院,它的水平在行业内是领先的。既然想学点技术,尤其是数控技术,那这里就是最好的地方。"从北京大学退学,要去一个听都没有听过的技术学校,这样的想法一定是疯了!当时,周浩身边的亲戚、朋友、同学都这样认为。父亲极力反对并没有阻止周浩转校的坚定决心。通过周浩的说服,母亲终于理解了儿子的痛苦和压抑。最终,在母亲的劝说下,父亲同意了周浩的决定。

2011年冬天,周浩收起铺盖从海淀区到了朝阳区,从北大到了北京工业技师学院,开始了人生新的起点。对于北京工业技师学院来说,这无疑是一个天大的喜讯。考虑到周浩之前有一定的操作基础,学校没有让他从基础课学起。为了让周浩接受更大的挑战,他直接进入了技师班,小班授课,并且给他配了最好的班主任。

除了学院的培养，找到兴趣点后的周浩重新拾回了对学习的热情，这让他在这里得以大显身手。实验室十几台瑞士进口的数控机器，老师面对面的亲自指导，直接上手的机器操作，这一切都令周浩兴奋不已。由于之前没有接触过数控技术，而别的同学都已经学了两年。为了赶上大家的进度，他学得格外认真，每天都把老师教过的技术重复练习，有不懂的就及时问。很快，周浩便成了小班中项目完成速度最快、质量最好的学生。

周浩的努力没有白费。凭借北大的理论基础和北京工业技师学院的技术学习，周浩慢慢朝着自己努力的知识技能复合型人才的道路发展，他成为了学院最优秀的学生之一。尽管有很多企业向周浩伸出橄榄枝，但对于未来，周浩有自己的设想，"现在还不想就业，我还是想继续深造，对数控技术了解得越深我就越觉得自己学得太少，还是要再多充充电。"

【点评】

每个人在一生中都会做出重要的抉择，关键在于他的抉择是否适合自己。最好的不一定是最适合自己的。三百六十行，行行出状元，每个人只要在适合自己、自己感兴趣的岗位上工作，都是成功的！

第四章 创新创业指导与能力训练

第一节 大学生创新创业教育概述

一、创新创业教育的重要性

联合国教科文组织在《21世纪的高等教育：展望与行动世界宣言》和《高等教育改革与发展的优先行动框架》中提出必须把培养学生创业技能和创新精神作为高等教育的基本目标。教育部在《关于大力推进高等学校创新创业教育和大学生自主创业工作的意见》中指出，大学生是最具创新、创业潜力的群体之一，要在高等学校中大力开展创新创业教育。创新创业教育是高等教育适应经济社会和国家发展战略需要的一种教学理念与模式，成为高等教育国际化的新趋势。

党的十八大报告提出，要"加大创新创业人才培养支持力度""支持青年创业"。党的十八届五中全会明确指出，要树立创新、协调、绿色、开放、共享五大发展理念，必须将创新发展摆在国家发展全局的核心位置。2012年8月，教育部制定的《普通本科学校创业教育教学基本要求》明确提出："在普通高等学校开展创业教育，是服务国家加快转变经济发展方式、建设创新型国家和人力资源强国的战略举措，是深化高等教育教学改革、提高人才培养质量、促进大学生全面发展的重要途径，是落实以创业带动就业、促进高校毕业生充分就业的重要措施""高校要将创业教育纳入学校改革发展规划及学校人才培养体系，要面向全体学生单独开设创业基础必修课，把创业教育有机融入专业教育。"随着创业基础课纳入高校必修课，创新创业教育再一次成为教育研究的关注点。联合国青年就业网络中国示范项目CDEP平台开通创新创业系统，也标志着创新创业教育在我国的大力开展是与世界接轨的。

2015年5月，国务院办公厅颁布了《关于深化高等学校创新创业教育改革的实施意见》，明确要求地方和高校要树立先进的创新创业教育理念，加强创新创业教育，增强学生创新精神和创新创业能力。

创业是一种高风险的活动，涉及创新、变革、新产品与服务开发、新企业经营管理，以及促使企业可持续成长等。创业活跃程度取决于个体创业意愿的高低，识别与开发机会能力和企业经营管理能力取决于创业者对创业管理知识素养的掌握情况。培育大学生创新精神，提升大学生创业意愿与创业能力，需要高校、政府、大学生个体、社会及家庭多方努力。创新创业教育不是让每个学生都去创业，而是重在培养创新精神和创业能力。

二、创新创业教育的目的

（1）培养大学生创新创业意识。启蒙学生的创新意识和创业精神，使学生了解创新型人才的素质要求，了解创业的概念、要素与特征等，使学生掌握开展创业活动所需要的基本知识。

（2）提升大学生创新创业能力。解析并培养学生的批判性思维、洞察力、决策力、组织协调能力与领导力等各项创新创业素质，使学生具备必要的创业能力。

（3）引导大学生认知环境。了解当今企业及行业环境、创业风险，把握创业机会，掌握商业模式开发的过程、设计策略及技巧等。

（4）模拟创业实践活动。通过创业计划书的撰写、模拟实践活动的开展等，鼓励学生体验创业准备的各个环节，包括创业市场评估、创业融资、创办企业流程与风险管理等。

三、创新、创业的相互关系

创新、创业是两个紧密联系、密切相关的概念。人们的创业活动离不开创新，没有创新，缺乏创新精神和创新能力，创业者很难取得竞争优势；创业是创新的表现形式和载体，是将创新成果推向市场的重要路径。创业与创新水平是反映一个国家和地区经济活跃程度及发展后劲的重要指标。

第二节　创新概述

一、创新的含义

创新是指以现有的思维模式提出有别于常规或常人思路的见解为导向，利用现有的知识和物质，在特定的环境中，本着理想化需要或为满足社会需求，而改进或创造新的事物、方法、元素、路径、环境，并能获得一定有益效果的行为。

二、创新的特征

创新是以新思维、新发明和新描述为特征的一种概念化过程。其起源于拉丁语，有三层含义：第一，更新；第二，创造新的东西；第三，改变。创新是人类特有的认识能力和实践能力，是人类主观能动性的高级表现，是推动民族进步和社会发展的不竭动力。一个民族要想走在时代前列，就一刻也不能没有创新思维，一刻也不能停止各种创新。创新在经济、技术、社会学以及建筑学等领域的研究中举足轻重。从本质上说，创新是创新思维蓝图的外化、物化。

创新是相对的，谈创新必须考虑环境的问题，包括微观环境和宏观环境，创新有小创新和大创新，小到自我超越，大到超越世界；创新不一定是发明，但发明绝对是创新，因为创新有技术创新、工作创新、学习创新、管理创新等，所以，发明创造只不过是创新中一种体现方式而已；创新是许多动物包括人类的本能，每个人天生就会创新，但是，每个人的创新能力不同，人与人之间的创新能力除了自我先天因素的影响之外，还受天时地利人和等各种后天因素的影响，因此，个体之间的创新能力会产生巨大的差异；但是在具备某些环境与物质条件的情况下，通过学习或者提示是完全可以提升创新能力的。

三、创新意识

1. 创新意识的内涵

创新意识是指人们根据社会和个体生活发展的需要，引起创造前所未有的事物或观念的动机，并在创造活动中表现出的意向、愿望和设想。它是人类意识活动中的一种积极的、富有成果性的表现形式，是人们进行创造活动的出发点和内在动力，是创造性思维和创造力的前提。

2. 创新意识的类型

创新意识包括创造动机、创造兴趣、创造情感和创造意志。

创造动机是创造活动的动力因素，能推动和激励人们发动与维持进行创造性活动。

创造兴趣能促进创造活动的成功，是促使人们积极探求新奇事物的心理倾向。

创造情感是引起、推进乃至完成创造的心理因素，只有具有正确的创造情感才能使创造成功。

创造意志是在创造中克服困难、冲破阻碍的心理因素，创造意志具有目的性、顽强性和自制性。

3. 创新意识的作用

第一，创新意识是决定一个国家、民族创新能力最直接的精神力量。在今天，创新能力实际就是国家、民族发展能力的代名词，是一个国家和民族解决自身生存、发展问题能力大小的最客观和最重要的标志。

第二，创新意识促成社会多种因素的变化，推动社会的全面进步。创新意识根源于社会生产方式，它的形成和发展必然进一步推动社会生产方式的进步，从而带动经济的飞速发展，促进上层建筑的进步。创新意识进一步推动人的思想解放，有利于人们形成开拓意识、领先意识等先进观念；创新意识会促进社会政治向更民主、更宽容的方向发展，这是创新发展需要的基本社会条件。这些条件反过来又促进创新意识的扩展，更有利于创新活动的进行。

第三，创新意识能促成人才素质结构的变化，提升人的本质力量。创新实质上确定了一种新的人才标准，它代表着人才素质变化的性质和方向，它输出着一种重要的信息：社会需要充满生机和活力的人、有开拓精神的人、有新思想道德素质和现代科学文化素质的人。创新意识客观上引导人们朝这个目标提高自己的素质，使人的本质力量在更高的层次上得以确证。创新意识激发人的主体性、能动性、创造性的进一步发挥，从而使人自身的内涵获得极大地丰富和扩展。

四、创新能力

1. 创新能力的内涵

创新能力是技术和各种实践活动领域中不断提供具有经济价值、社会价值、生态价值的新思想、新理论、新方法和新发明的能力。当今社会的竞争，与其说是人才的竞争，不如说是人的创造力的竞争。

2. 创新能力的构成

（1）学习能力

学习能力是获取、掌握知识、方法和经验的能力，包括阅读、写作、理解、表达、记忆、搜集资料、使用工具、对话和讨论等能力。学习能力还包括态度和习惯，比如活到老、学到老的终身学习的态度和信念。个人具有学习能力，组织也具有学习能力，人们把学习型组织理解为"通过大量的个人学习特别是团队学习，形成的一种能够认识环境、适应环境，进而能够能动地作用于环境的有效组织。也可以说是通过培养弥漫于整个组织的学习气氛，充分发挥员工的创造性思维能力而建立起来的一种有机的、高度柔性的、扁平的、符合人性的、能持续发展的组织"。在如今竞争的时代，一个人或一个组织的竞争力往往取决于个人或组织的学习能力，因此无论对于个人还是对于组织而言，其竞争优势就是有能力比自己的竞争对手学习得更多、更快。所以管理大师德鲁克说："真正持久的优势就是怎样去学习，就是怎样使得自己的企业能够学习得比对手更快。"

（2）分析能力

分析能力是把事物的整体分解为若干部分进行研究的技能和本领。事物是由不同要素、不同层次、不同规定性组成的统一整体。认识事物的有效方式之一就是把它的每个要素、层次、规定性在思维中暂时分割开来进行考察和研究，弄清楚每个局部的性质、局部之间的相互关系以及局部与整体的联系。做到由表及里、由浅入深、由易到难地认识事物和问题。分析能力的高低强弱与三个因素有关，一是个人的知识、经验和禀赋；二是分析工具和方法的水平；三是共同讨论与合作研究的品质。随着科学技术的发展，高性能计算机与各种科学仪器以及新的分析方法的出现和应用，有效地提高了人们的分析能力。当然，分析能力也有局限性和片面性，容易使人只见树木，不见森林，忽视从整体上把握事物。因此通常把分析能力与综合能力结合起来运用，将会取长补短，相辅相成。

（3）综合能力

综合能力强调把研究对象的各个部分结合成一个有机整体进行考察与认识的技能和本领。综合是把事物的各个要素、层次和规定性用一定线索联系起来，从中发现它们之间的本质关系和发展的规律。具体来讲，综合能力包括三项内容：一是思维统摄与整合，就是把大量分散的概念、知识点以及观察和掌握的事实材料综合在一起，进行思考加工整理，由感性到理性、由现象到本质、由偶然到必然、由特殊到一般，对事物进行整体把握；二是积极吸收新知识，综合能力需要多方面的知识和方法，不断吸收新知识，不断更新知识都是必要的，特别是要学会跨学科交叉，把不同学科的知识、不同领域的研究经验融会贯通，才能更好地综合；三是与分析能力紧密配合，仅有综合能力，也有局限性和片面性，即缺少深入的、细致的分析，细节决定成败，在认识事物时也是如此，只有与分析能力相互配合，才能正确认识事物，实现有价值的创新。

（4）想象能力

想象能力以一定知识和经验为基础，通过直觉、形象思维或组合思维，不受已有结论、观点、框架和理论的限制，提出新设想、新创见的能力。想象力往往是发现问题和解决问题的突破口，在创新活动中扮演突击队和急先锋的角色，缺乏想象力很难从事创新工作。

（5）批判能力

批判能力表现在两个方面，在学习、吸收已有知识和经验时，批判能力保证人们不盲从，而是批判性、选择性地吸收和接受，去粗取精、去伪存真；在研究和创新方面，质疑和批判是创新的起点，没有质疑和批判就只能跟在权威和定论后面亦步亦趋，不可能做出突破性贡献。科学技术史表明，重大创新成果通常都是在对权威理论进行质疑和批判的前提下做出的。

（6）创造能力

创造能力是创新能力的核心，它是指首次提出新的概念、方法、理论、工具、解决方案、实施方案等的能力，是创新人才的禀赋、知识、经验、动力和毅力的综合体现。

（7）解决问题的能力

解决问题包括提出问题和凝练问题，针对问题选择和调动已有的经验、知识和方法，设计和实施解决问题的方案，对于难题，能够创造性地组合已有的方法乃至提出新方法来予以解决。解决问题分狭义和广义，狭义的解决问题就是人们通常认为的各种问题的解决，如物理问题、数学问题、技术问题；广义的问题解决则包括各种思维活动，在这种情况下，创新能力就等同于创新性解决问题的能力。

（8）实践能力

实践能力特指社会实践能力。提出创造发明成果，只是创新活动的第一阶段，要使成果得到承认、传播、应用，实现其学术价值、经济价值和社会价值，必须要和社会打交道，实践能力就是为实现这一目标而进行的各种社会实践活动的能力。

（9）组织协调能力

组织协调能力的实质是通过合理调配系统内的各种要素，发挥系统的整体功能，以实现目标。对于创新人才来说，要完成创新活动，就要协调各方，当拥有一定资源时，就可通过沟通、说服、资源分配和荣誉分配等手段来组织协调各方以最终实现创新目标。

（10）整合多种能力的能力

创新人才的宝贵之处不仅仅在于拥有多种才能，更重要的是能够把多种才能有效地整合在一起发挥作用。整合多种能力的能力是能力增长和人格发展的结果，这需要通过学习、实践和人生历练。能否完成重大创新，拥有整合多种能力的能力是一个关键。

五、创新的方法

1. 组合法

组合法是按照一定的技术原理或功能目的将现有的事物的原理、方法或物品作适当组合而产生出新技术、新方法、新产品的创新技法。

2. 移植法

移植创新法是将某一领域的原理、结构、方法、材料等移植到新的领域中，从而创新产品。现代科学技术的飞速发展，使学科之间的概念、理论、方法等相互交叉、移植、渗透，从而产生新的学科、新的理论、新的方法、新的技术，这就大大推动了创新水平的发展。移植法是一种应用非常广泛的创造技法。

3. 头脑风暴法

无限制的自由联想和讨论，其目的在于产生新观念或激发创新设想。通过强化信息刺激，促使思维者展开想象，引起思维扩散，在短期内产生大量设想，并进一步诱发创造性设想。

4. 综摄法

综摄法是指以外部事物或已有的发明成果为媒介，并将它们分成若干要素，对其中的元素进行讨论研究，综合利用激发出来的灵感，来发明新事物或解决问题的方法。

此外，还有联想法、设问法、列举法、灵感法等。

六、创新思维及训练

1. 创新思维的含义

创新思维是指以新颖独创的方法解决问题的思维过程，通过这种思维能突破常规思维的界限，以超常规甚至反常规的方法、视角去思考问题，提出与众不同的解决方案，从而产生新颖的、独到的、有社会意义的思维成果。

2. 创新思维的特征

（1）思维的流畅性就是观念的自由发挥。是指在尽可能短的时间内生成并表达出尽可能多的思维观念以及较快地适应、消化新的思想观念。机智与流畅性密切相关。流畅性反映的是发散思维的速度和数量特征。

（2）思维的变通性是指克服人们头脑中某种自己设置的僵化的思维框架，按照某一新的方向来思索问题的过程。变通性需要借助横向类比、跨域转化、触类旁通，使发散思维沿着不同的方面和方向扩散，表现出极其丰富的多样性和多面性。

（3）思维的独特性是指人们在发散思维中做出不同寻常的异于他人的新奇反应的能力。独特性是发散思维的最高目标。

（4）思维的敏感性。发散性思维不仅运用视觉思维和听觉思维，而且也充分利用其他感官接收信息并进行加工。发散思维还与情感有密切关系。如果思维者能够想办法激发兴趣,产生激情,把信息情绪化,赋予信息以感情色彩,会提高发散思维的速度与效果。

3. 创新思维模式

(1) 发散思维,又称扩散思维,是对同一问题从不同层次、不同角度、不同方面进行思索,从而求得多种不同甚至奇异答案的思维方式。其主要特点是多向性、灵活性、开放性与独特性;多向性是指从问题的各个方向去思考,避免单一、片面。灵活性是指在各个方向之间灵活转移;开放性是指每个思路都可以任意思考下去,没有任何限制;独特性是强调思路的特殊性、奇异性,富有创新性。

(2) 聚合思维,又称收敛思维,是为了解决一个问题,尽量利用已有的知识和经验,把各种相关信息引导、集中到目标上去,通过选择、推理等方法,得出一个最优或符合逻辑规范的方案或结论。其主要特点是同一性、程序性、封闭性与逻辑性。同一性是思维的目标同一、沿着求同方向进行;程序性是指不像发散思维那样灵活、自由,而是必须沿着一些程序进行;封闭性是指其思考范围有限、面向中心议题;逻辑性是指思维过程必须遵守逻辑规律。

(3) 横向思维是从空间的各个方向上,即从思维对象与周围事物之间的相互联系、相互作用中来考察其本质、特点和运动规律,因此具有同时性、横断性和开放性三个特点。横向思维着重在同一层次中对具有平行、并列关系的各个因素尽量进行全面搜索,并做出选择、判定。

(4) 纵向思维是从事物自身的历史发展来考察它的来龙去脉,掌握其变化的规律性,以便预测未来的发展趋势,因此,具有历史性、连续性和预测性三个特点。纵向思维着重向纵深挖掘,既包括向下一层挖掘,也包括向上一层挖掘,以便找出各个相关因素之间的联系。

(5) 正向思维是依据现有的科学技术,按照时间顺序、事物与认识发展的自然进程进行的常规思维。其特点是:第一,与时间的方向一致,符合事物的自然发展进程和人类认识发展的顺序;第二,能够发现、认识以正态分布出现的新事物及其本质与规律;第三,提高了日常工作与生活中大量常规问题的处理效率;第四,绝大多数人都普遍使用,是应用最广泛的思维活动。

(6) 逆向思维,即与正向思维——时间顺序、事物与认识发展的自然进程——对立、相反的方向进行的非常规思维,非常容易导致谬误,但也往往会产生原来意想不到的创新。其特点是:第一,逆向性,即与正向思维对立、相反、颠倒的方向、角度思考问题,出人意料;第二,求异性,用挑剔、批判的眼光看待一切事物,方法与结果与常规形成强烈、巨大的反差;第三,反常规、反传统、反习惯是对权威的挑战,非特异——自觉、主动、自信、有勇气——所不能为;第四,开始时总是不能被多数人所理解与接受,甚至遭到强烈的反对和压制;第五,是常常失败,而一旦成功往往具有重大意义的创新价值。

(7) 形象思维是人们在认识过程中对事物的表象进行取舍时形成的,以反映事物的形象特征为主要任务的一种思维方式。它是以形象来揭示事物本质的。

七、创新创业训练项目

（1）国家级大学生创新创业训练计划。
（2）"挑战杯"全国大学生系列科技学术竞赛（简称"挑战杯"）。
（3）全国大学生数学建模竞赛。
（4）全国大学生节能减排社会实践与科技竞赛。
（5）全国大学生工程训练综合能力竞赛。
（6）全国大学生电子设计竞赛。
（7）全国大学生智能汽车竞赛。
（8）"蓝桥杯"全国软件和信息技术专业人才大赛。
（9）中国大学生计算机设计大赛。
（10）全国大学生广告艺术大赛。
（11）全国信息技术应用水平大赛。
（12）"外研社杯"全国英语系列竞赛。
（13）全国口译大赛（英语）。
（14）"未来伙伴杯"智能机器人大赛。
（15）科研类全国航空航天模型锦标赛。
（16）全国大学生电工数学建模竞赛。
（17）"好丽友杯"大学生公益梦想实践大赛。
（18）中国大学生数学竞赛。
（19）全国大学生网络商务创新应用大赛。
（20）美国大学生数学建模竞赛（MCM/ICM）。
（21）国际大学生程序设计竞赛（ACM/ICPC）。
（22）全国大学生电子商务"创新创意创业"挑战赛。
（23）"Revit"杯全国大学生可持续建筑设计竞赛。
（24）全国大学生英语竞赛。
（25）全国三维数字化创新设计大赛。
（26）全国大学生结构设计竞赛。
（27）全国大学生机械创新大赛。
（28）全国周培源大学生力学竞赛。
（29）全国计算机仿真大赛。
（30）全国大学生化学实验邀请赛。
（31）中国动漫金龙奖（CACC）。
（32）中国国际动漫节金猴奖大赛简介。
（33）中国大学生广告艺术节。
（34）IDEA-XJTU 国际英语辩论赛。
（35）全国大学生"用友杯"沙盘模拟经营大赛。
（36）全国大学生化工设计竞赛。

(37) 甘肃省大学生创新创业系列竞赛。

第三节 大学生创业准备

创业，不是少数人的专利，而是多数人的选择，对于朝气蓬勃的大学生更是如此。

在 2015 年首届中国"互联网+"大学生创新创业大赛总决赛举行时，李克强总理曾批示："大学生是实施创新驱动发展战略和推进大众创业、万众创新的生力军。"2015 年 4 月 21 日和 6 月 10 日，有关扶持大学生创业的内容也两次被列为国务院常务会议议题。

大学生创业群体主要由在校大学生和大学毕业生群体组成，现今大学生创业问题越来越受到社会各界的密切关注，因为大学生属于高级知识人群，并且经过多年的教育往往背负着社会和家庭的各种期望。在现今社会经济不断发展但就业形势却不容乐观的情况下，大学生创业也自然成为大学生就业之外的新兴的现象。对于那些初出校门怀揣创业梦想的年轻人来说，创业该怎么开始？

教育部 2014 年 12 月 10 日正式公布《关于做好 2015 年全国普通高等学校毕业生就业创业工作的通知》，其中指出，即日起将全面推进创新创业教育和自主创业工作，其中包括"高校要建立弹性学制，允许在校学生休学创业"。

大学生创业群体主要由在校大学生和毕业生组成，由于大学扩招引起大学生就业等一系列问题，一部分大学生通过创业形式实现就业，由于大学生缺乏实践经验，所以需要全社会的关注和帮助。

一、大学生创业的优势

(1) 大学生往往对未来充满希望，他们有着年轻的血液和蓬勃的朝气，以及"初生牛犊不怕虎"的精神，而这些都是一个创业者应该具备的素质。

(2) 大学生在学校里学到了很多理论性的东西，有着较高层次的技术优势，而目前最有前途的事业就是开办高科技企业。技术的重要性是不言而喻的，大学生创业从一开始就必定会走向高科技、高技术含量的领域，"用智力换资本"是大学生创业的特色和必然之路。一些风险投资家往往就因为看中了大学生所掌握的先进技术，而愿意对其创业计划进行资助。

(3) 现代大学生有创新精神，有对传统观念和传统行业挑战的信心和欲望，而这种创新精神也往往造就了大学生创业的动力源泉，成为成功创业的精神基础。大学生怀揣创业梦想，努力打拼，创造了财富。

(4) 大学生创业的最大好处在于能提高自己的能力，增长经验，以及学以致用；最大的诱人之处是通过成功创业，实现自己的理想，证明自己的价值。

二、大学生创业的弊端

(1) 由于大学生社会经验不足，常常盲目乐观，没有充足的心理准备。对于创业中的挫折和失败,许多创业者感到十分痛苦茫然,甚至沮丧消沉。大家以前创业,看到的都是成功的例子,心态自然都是理想主义的。其实,成功的背后还有更多的失败。看到成功,也看到失败,这才是真正的市场,也只有这样,才能使年轻的创业者变得更加理智。

(2)急于求成、缺乏市场意识及商业管理经验,是影响大学生成功创业的重要因素。学生虽然掌握了一定的书本知识,但终究缺乏必要的实践能力和经营管理经验。此外,由于大学生对市场营销等缺乏足够的认识,很难一下子胜任企业经理人的角色。

(3)大学生对创业的理解还停留在仅有一个美妙想法与概念上。在大学生提交的相当一部分创业计划书中,许多人还试图用一个自认为很新奇的创意来吸引投资。这样的事以前在国外确实有过,但在今天这已经是几乎不可能的了。现在的投资人看重的是创业计划真正的技术含量有多高,在大多程度上是不可复制的,以及市场赢利的潜力有多大。而对于这些,大学生必须有一整套细致周密的可行性论证与实施计划,绝不是仅凭三言两语的一个主意就能让人家投资的。

(4)大学生的市场观念较为淡薄,不少大学生很乐于向投资人大谈自己的技术如何领先与独特,却很少涉及这些技术或产品究竟会有多大的市场空间。就算谈到市场的话题,他们也多半只会计划花钱做做广告而已,而对于诸如目标市场定位与营销手段组合这些重要方面,则全然没有概念。其实,真正能引起投资人兴趣的并不一定是那些先进的东西,相反,那些技术含量一般但却能切中市场需求的产品或服务,常常会得到投资人的青睐。同时,创业者应该有非常明确的市场营销计划,能强有力地证明赢利的可能性。

三、大学生创业具备的硬件

硬件一:经验

大学生长期待在校园里,对社会缺乏了解,特别在市场开拓、企业运营上,很容易陷入眼高手低、纸上谈兵的误区。因此,大学生创业前要做好充分的准备,一方面,去企业打工或实习积累相关的管理和营销经验;另一方面,积极参加创业培训,积累创业知识,接受专业指导,提高创业成功率。

硬件二:资金

一项调查显示,有四成大学生认为"资金是创业的最大困难"。的确,巧妇难为无米之炊,没有资金,再好的创意也难以转化为现实的生产力。因此,资金是大学生创业要翻越的一座山,大学生要开拓思路,多渠道融资,除了银行贷款、自筹资金、民间借贷等传统途径外,还可充分利用风险投资、天使投资、创业基金等融资渠道。

硬件三:技术

用智力换资本,这是大学生创业的特色之路。一些风险投资家往往就因为看中大学生所掌握的先进技术,而愿意对其创业计划进行资助。因此,打算在高科技领域创业的大学生,一定要注意技术创新,开发具有自己独立知识产权的产品,吸引投资商。

硬件四:能力

由于长期接受应试教育,大学生不熟悉经营"游戏规则",技术上出类拔萃,理财、营销、沟通、管理方面的能力普遍不足。要想创业获得成功，创业者必须技术、经营两手抓。建议可从合伙创业、家庭创业或低成本的虚拟店铺开始，锻炼创业能力。

四、创业者应具备的基本素质

要想取得创业的成功，创业者必须具备自我实现、追求成功的强烈创业意识，具备克服困难、勇往直前的坚强意志和敏锐的洞察力，这些是创业者必备的素质。

（一）创业意识

创业意识包括资源意识、营销意识、管理意识、风险意识、形象意识和学习意识等几个方面。

1. 资源意识

创业需要各方面的资源，包括人力、财力、物力、信息等，这些是构成创业活动的基石。创业者在创业过程中需要将有限的资源进行整合，其中包括信息的收集、筛选、使用以及人员的招聘、任用、财力、物力的分配和使用等。这些都需要详细地统筹、规划，使之相互配合，发挥最大功效。

2. 营销意识

盈利是创业最基本也是最重要的目的之一。从事企业经营的创业者一项非常重要的工作是把生产的产品或服务推销出去，并尽快使市场和消费顾客群认可。因此，营销意识对于创业的成功与否是非常重要的。

3. 管理意识

创业者往往是企业或组织的拥有者或管理者，而企业或组织的经营、运作和成长往往不是仅凭借个人的力量能够实现的，需要树立管理意识，借助于组织、制度以及文化等手段将创业资源有效地整合、配置，创造出产品或服务，满足市场或社会的需要。创业者必须将管理意识贯穿于创业活动的始终，充分调动和组织资源，以便成为成功的创业者。

4. 风险意识

创业是一种风险很大的社会实践活动。许多创业者由于在创业初期没有做好创业的心理准备，在遇到风险和危机时无法应对，结果导致创业失败。因此，创业者要树立风险意识。尤其是在有了一点成就之后，不能产生小富即安、贪图享受、不思进取的思想，甚至被胜利冲昏头脑而失去风险忧患意识。

5. 形象意识

创业是一个长期的过程，也是一个由小到大、由弱到强的过程。为了确保企业或组织能够得到长足的发展，在经济利益得到满足的情况下应尽可能地承担社会责任，创造社会利益。这就需要创业者具备一定的形象意识。

6. 学习意识

从事任何工作，只有激情是不够的，还要学习。为了实现创业的梦想，需要创业者具有敢为天下先的精神，要勇于突破专业、职业、年龄、性别、环境等诸多条件的限制，以强烈的好奇心和求知欲，涉猎不同领域的知识，不断学习、不断进步，为成功创业奠定理论知识基础。

（二）创业精神

创业精神是创业的核心与灵魂，为创业实践提供精神动力和支撑。创业精神的基础是创新，创业者通过创新，将资源有效地整合、利用，并创造出新的经济或社会价值。创业精神所关注的重点在于"是否创造新的价值"。

创业精神代表的是一种以创新为基础的思维方式，是一种发掘机会、组织资源、创造新价值的过程。因此，创业精神并不能仅仅停留在精神或心理层面，必须付诸行动，必须将创业观念与创业实践结合起来才会产生结果，创造出新的经济或社会价值。

创业精神具有创新性、综合性、整体性、时代性、动态性和持久性等特征，是时代精神的反映，是对创新创业型人才素质的要求。对创业者而言，需要树立自信、自主、自立、自强的创业精神。这是进行创业活动的灵魂和支柱，是开创新生活、追求幸福明天的精神信念。

（三）创业心理

创业之路总是充满着艰险与曲折。面对激烈的市场竞争以及随时可能出现的问题和矛盾，创业者需要具有非常强的心理调控能力，能够持续保持一种积极、沉稳的心态，这就是创业者的心理品质。

心理品质是指创业者在创业实践过程中对心理和行为起调节作用的个性心理特征。人的心理品质与其固有的气质、性格有着密切的关系，主要体现在人的独立性、敢为性、坚韧性、克制性、适应性、合作性等方面，反映了创业者的意志和情感。

创业是否能够成功，在很大程度上取决于创业者的心理品质。如果不具备良好的心理素质、坚韧的意志，遇到挫折就垂头丧气、一蹶不振，创业之路不会走得很远。宋代大文豪苏轼曾说："古之成大事者，不唯有超世之才，亦必有坚韧不拔之志。"只有具有处变不惊的良好心理素质和越挫越强的顽强意志，才能在创业的道路上闯出属于自己的一番天地。

（四）人格品质

创业者的人格品质是创业行为的原动力和精神内核。在人格品质中，使命与责任、创新与冒险、坚韧与执着、正直与诚信等都与创业的成败息息相关。创业是一项开创性的事业，人格品质的魅力往往在关键时刻具有决定性的作用，尤其是在面临困难和不利的时候。

1. 使命与责任

使命感和责任心是驱动创业者勇往直前的力量源泉。创业活动是一项社会性活动，也是各种利益相关者协同运作的系统，创业者需要具有高度的使命感和强烈的责任心。创业者只有对自己、对家庭、对员工、对投资人、对顾客、对合作伙伴以及对社会拥有高度的使命感和负责任的精神，才能够赢得人们的信任、尊重和支持。

2. 创新与冒险

创新是创业精神的核心要素，也是创业活动的内在要求。机会的发现和创意的形成需要进行创造性思维，需要发挥创造力。同样，机会的开发、资源的整合、模式的设计更是创新能力的集中体现。同时，创业的开创性又需要具有冒险精神，需要具有胆略、胆识和胆量。当然，冒险不是蛮干，既要敢于冒险，又要保持理性，尽量降低风险。

3. 坚韧与执着

创业是对人的意志力的挑战。面对险境、身处逆境时能否坚持信念、承受压力，坚持到底常常决定创业的成败，最后的成功往往就在于再坚持一下的努力之中。

4. 正直与诚信

正直与诚信是创业者必备的品质，体现了成功创业者的人格魅力：讲信誉，守诺言，言行一致，身体力行，胸襟广阔，厚人薄己，敢于承担责任，勇于自我否定，尊重人才，以人为本，倡导团队合作和学习，帮助团队成员获得成就感，坚持顾客价值、公司价值和社会价值的创造。

五、创业者应具备的知识和能力

（一）创业应具备的知识

知识是创新之源，也是创业之本。创业者必须做好知识准备，学习和掌握创业所需要的各类相关知识，打造知识优势，才能为成功创业奠定基础。实践证明，良好的知识结构对于成功创业具有决定性的作用。创业知识主要包括以下几个方面的内容。

1. 专业技术知识

开展创业活动需要具备专业技术知识。大学生作为高知识人群，对专业技术有一定的了解，而且一部分大学生在专业领域有比较深入的研究，具有一定的技术创新能力。大学生创新创业的最佳优势组合是工程师的技能加上生意人的头脑，从而实现资源的最优化。

创业者应具备的专业技术知识主要有生产技术知识、市场预测与调查知识、定价知识、产品知识、销售渠道和方式知识、产品质量和有关计量知识、货物运输与保管储存知识等。

2. 经营管理知识

在市场经济条件下，创业者要使自己的创业实践活动取得成功就必须重视经营管理知识。创业者了解并掌握企业经营管理知识有利于运用科学的思想、组织、方法和手段，对企业生产经营活动进行有效的管理，以提高经济效益。

首先，要树立符合现代企业经济功能赋予的经营观念，如战略观念、市场观念、用户观念、效益观念、竞争观念和创新观念等。其次，要了解企业经营管理组织方面的知识，包括管理体制、生产组织形式和组织结构等。最后，要了解和掌握企业经营管理方法，包括经济规律所制约的管理方法、反映生产组织和生产技术规律的管理方法、反映有关人的活动规律的管理方法、反映行政和政治工作规律的管理方法等。

掌握并运用企业经营管理知识对大学生创业者至关重要。一些成功创业者的实践证明，提高企业的经营管理水平是不需要花很多投资就可获得巨大的经济效益的最佳途径。越来越多的企业已经把经营管理的现代化看成是企业发展的一种重要的资源。

3. 工商税务知识

创业者在创业前一定要了解有关的工商税务知识，不懂得工商税务知识就无法办理各种经营手续，也难以做到合法经营、依法纳税。

工商知识主要涉及企业的登记和年审等问题，包括有关私营及合伙企业、有限公司的组织形式；办理验资的方法；申请开业登记的程序；办理经营许可的行业及其手续；企业年审的有关规定等。税务知识主要是办理税务登记、纳税、领购和使用发票等知识。企业经营需要了解的税种有增值税、营业税、城市维护建设税、个人所得税以及企业所得税等。

大学生创业者在创业时一定要了解国家有关扶持大学生自主创业的一些优惠政策，善于利用国家提供的相关优惠政策降低创业成本，规避创业风险，使所创企业快速发展壮大。

4. 财务金融知识

财务知识主要包括财务决策评价、资金筹集管理、资产管理、成本和费用、营业收入、利润分配、企业清算、财务报告和财务评价等。财务管理的基本任务是保证企业的正常运营和盈利。在创业初期，财务管理的任务是资金的筹集和运作。

从现代经济发展的状况看，创业者需要比以往任何时候都更加深刻、全面地了解金融知识、金融机构、金融市场。因为企业的发展离不开金融的支持，融资是企业经营的重要手段。创业者应该了解融资渠道、融资方式、融资环境以及融资风险防范等。

5. 政策法律知识

市场经济从某种意义上讲就是法制经济，市场经济的基础是契约和信用，任何投资行为与经营活动都必须建立在依照法律经营和按照政策经营的基础上。大学生创业者只有了解有关政策法律规定，才能确定企业的组织形式，按照规定条件和程序办理企业设立登记，为依法经营、依法维护企业的合法权益提供保障。

大学生创业者需要了解的政策主要包括国家及地方政府颁布的有关支持创新创业的一些政策，尤其是一些优惠政策。

6. 相关学科知识

创业者不仅要具备必要的专业知识和经营管理知识，还要掌握一定的现代文学、艺术、哲学、伦理学、社会学、心理学等综合性知识。

（二）创业应具备的能力

创业能力是一种具有较高综合性的能力，影响着创业活动的效率，决定着创业的成败。创业者必须具备并不断提高创业能力，才能在创业中取得成功。创业能力一般包括领导决策能力、经营管理能力、专业技术能力、沟通协调能力、抵御风险能力以及创新创造能力等。

1. 领导决策能力

领导决策能力是创业者根据主观和客观条件，确定创业的发展方向、目标、战略以及具体选择实施方案的能力。创业者既是领导者，也是决策者，创业者的领导决策能力在创业实践中发挥着重要的作用。

正确的领导决策是保证创业活动顺利进行的前提，尤其是有关创业机会的识别和选择、创业团队的组建、创业资金的融通、发展战略的制定以及运作模式的设计等重大决策，直接关系着对创业全局的驾驭和创业的成败。

2. 经营管理能力

经营管理能力是对企业经营活动的组织、管理及运营的能力。它涉及企业的人力、财力、物力、信息等各项资源，以及对这些资源的计划、组织、指挥、协调和控制的能力。

经营管理能力是一种较高层次的综合能力，是一种运筹能力，是解决企业生存问题的第一要素。开展创业实践活动，出色的经营管理能力是创业者必备的能力之一。经营管理能力的形成要从会经营、懂管理、善用人、精理财和讲诚信等几个方面去努力。

3. 专业技术能力

专业技术能力是创业者掌握和运用专业知识、组织产品生产或提供服务的能力。专业技术能力的形成具有很强的实践性，许多专业知识和专业技能需要在实践中摸索、提高，并逐步发展和完善。

创业者要重视创业过程中对专业技术知识的积累和技能的训练，加深对专业理论知识的理解。同时，在实践中注意记录、分析、总结和归纳，形成具有特色的创业经验，不断提高专业技术能力。

4. 沟通协调能力

沟通协调能力是妥善处理内外各种关系的能力，包括与外部之间的关系以及协调内部各成员之间关系的能力。沟通协调能力也是一种社会实践能力，需要在实践中学习、掌握并有效运用。

在创业过程中应妥善处理好各种社会关系，团结一切可以团结的人，团结一切可以团结的力量，求同存异、共同发展，做到不失原则、灵活有度，善于巧妙地将原则性和灵活性结合起来。

5. 抵御风险能力

创业意味着风险，是对创业者心理素质的全面考验。在创业中，需要创业者有充分的心理准备来面对创业风险，抵御创业风险。

创业者要确保企业或组织的运营机制、管理模式、制度文化等基本要素与发展目标保持一致，并且能够与时俱进。要紧贴政策导向，在合情、合理、合法的范围内，使得企业或组织在健康的社会环境中得以良性运转。

6. 创新创造能力

创新是知识经济的主旋律，是创业者化解外界风险和获取竞争优势的有效途径。创新创造能力包括两方面的含义：一是创造性思维的能力；二是创新实践的能力。

创新创造能力是一种综合能力，与人们的知识、技能、经验、心态等有着密切的关系。具有广博的知识、扎实的专业知识、熟练的专业技能、丰富的实践经验、良好的心态的人容易形成创新创造能力。它取决于创新意识、智力、创造性思维和创造性想象等。

(三) 创业知识与能力的培养

创业教育和创业实践活动是积累创业知识、培养创业能力的有效途径。通过创业教育可以使大学生具备创业的基本知识、基本技能和心理品质;通过创业实践活动可以培养大学生敢于创新、勇于创业的精神,使其具有较强的适应能力与开拓能力,能够在复杂的环境下寻求职业发展机会。

大学生创业知识与能力的培养途径主要有以下四个方面:

1. 积累丰富的文化知识

文化知识是培养大学生创业素质与创业能力的基础。任何素质与能力的形成和提高都是在掌握及运用知识的过程中完成的,创业素质与创业能力也不例外。大学生要充分利用各种学习的机会,了解、掌握必要的文化知识。要学会将学习、思考、实践结合起来,经过自己的消化、吸收转化为运用文化知识的手段和本领,进而为创业素质与创业能力的形成和提高打下坚实的基础。

2. 树立牢固的专业意识

专业意识是培养大学生创业素质与创业能力的前提。大学生创业通常是从创立小企业起步。小企业要在现代社会中得以生存,必须要有专门的技术产品或服务项目。因此,大学生创业者一定要加强专业意识的培养,要精通与创业相关的专门知识和技能,并根据需要不断吸收新技术、新知识。

3. 培养强烈的社会意识

社会意识是培养大学生创业素质与创业能力的保障。良好的社会意识包括与人协调合作、团队工作的意识和强烈的社会责任感以及竞争意识、环境意识、质量意识、品牌意识、安全意识等。这是提高大学生创业素质与创业能力极其重要的保障。

4. 参加各类实践活动

实践活动是培养大学生创业素质与创业能力的途径。大学生参加社会实践活动可以使自身具备的各种基本素质和潜能得到发挥,领导能力、组织能力和合作意识得到加强。大学生应根据自身和专业的特点,积极参加各种社会实践活动,在确立目的、制订计划、选择方法、执行决定和开始行动的整个实践活动中提高创业素质与创业能力。

 小资料

俞敏洪:大学生创业时最重要的八种能力

第一种能力是目标能力

首先,大家都想创业,谁不想当自己的老板呢?可是你还得问自己一个问题:为什么要创业?你有什么样的目标?想把它做成什么样的状态?我们不是为了创业而创业,而是为了做好一件事情,做大一件事情,并且前提是你在进行自我评估后发现这有可能实现的,这个时候你才能够开始创业。如果说你都没有目标,只是一时的冲动,只是觉得你应该去干点什么，并且对所干的事情又没有太多的热爱，那创业就只不过成为一种风气，而不是现实，你也不一定能做成大的事情。

就我个人而言，我当初做新东方的时候，有一个非常明确的目标，那个时候从北京大学（微博）把大学老师的工作辞退后出来做培训机构，我希望自己能做成一个真正有意义的培训机构，也正是有这个目标，新东方的培训事业才蒸蒸日上、不断前进。随着培训的开展，新东方的目标也在不断改变，从最初的做一个学校变成想在全中国各地开设新东方学校，到现在我们已经做成了美国上市公司。

总而言之，你的目标是上升的，但基础是不会变的，比如说我最初做新东方的基础就是想做成一个有品牌、有品位、为学生的前途负责、让学生喜欢的培训学校，从本质上来说，新东方到今天依然是这样的。所以我觉得目标能力对创业来说非常重要，而且你全心全意热爱这个目标的能力也非常重要。除此之外，你需要注意的一个问题是：你的这个目标一定是能够做大的，而不仅仅是为了自娱自乐。比如说你喜欢书法，就一下子去创立一个书法公司，这不太容易。

第二种能力是专业能力

如果你对一个专业不懂就去创业，失败的可能性也很大。就像你开了一个饭店，假如你自己不是厨师，又没有太雄厚的资金就一下子请很多大厨师，就很难把控你这个饭店的质量，而且很容易被大厨师炒鱿鱼。比如你请了一个大厨师，他做的饭很好，招来很多顾客，这时候他一看自己的地位很重要，就反过来跟你要价，说不给更多的钱就不干，你一生气把他开了，这样一来你饭店的菜也做不好了，最后面临倒闭了。

十几年前我开始做新东方的时候，周围的很多培训机构都是被优秀老师炒鱿鱼给炒倒了。也是因为他们课上得很好，学生很满意，老师就开始向老板要价，老板自己又不懂教学又咽不下这口气，最后老师都跑到别的培训机构去了，老板就只能把学校关掉了。新东方当初能做下来很重要的一个原因是我自己就是个大厨师，也就是说新东方当时开设的很多课程，我自己都能教，因此我的老师在拿到他们觉得比较满意的工资时，就不会跟我提出非分的要求，他们知道，一旦提出过分要求，我自己能把他们的课给上了，同时又不会对新东方造成太大伤害。所以当你白手起家、身无分文或者资金有限的时候，有一个重要前提：你必须是你创业的这个领域中的专家，是一个能控制住专业局面的人。比如你开一个软件设计公司，自己都不懂软件，你首先把控不了质量，其次你把控不了人才，会很麻烦。这是第二点，就是原则上你必须在想创业的这个领域具备相当的专业知识，达到专业水平才能有对专业的把控能力。

第三种能力是营销能力

一旦开始创业后，你该怎么做？比如说你的公司开了，产品也造出来了，下一步怎么办呢？如果产品造出来没人买的话，那公司白开了，有无数的公司都是开起来了最后却关门了，其根本之一就是他们不懂如何推销自己的产品，推销自己的公司品牌。因此我们要做的是把公司"卖"出去，一个是卖公司的产品；另一个更重要的是随着产品的销售，卖出公司的品牌，就是说让大众认可你的公司品牌，让大家都知道这个产品是从你公司卖出来的。

这就涉及营销，营销分两部分：实的营销和虚的营销。所谓实的营销，比如我做新东方，营销的是新东方的课程，告诉学生为什么要来上这个课，上完能有什么收获。但是无数的培训机构一直以来也在营销课程，却始终只是小机构，而新东方能做大，这是什么原因呢？很简单，因为我们营销了品牌。就是说，新东方开始不断有内涵，到最后人们不是因为听到新东方有什么课程来上课，而仅仅只是听到新东方三个字就来上课，这个时候品牌营销就算是成功了，这就是虚的营销。

在中国做企业，品牌营销往往还跟个人营销结合在一起，就是说你个人的形象有时候能够代表企业形象，所以往往要把个人的道德、行为和企业的道德、行为结合起来。比如大家讲到新东方的时候会说，新东方就是俞敏洪（微博），俞敏洪就是新东方，讲到联想公司的时候会说，联想就是柳传志，柳传志就是联想。因此在中国，个人品牌的成长很大程度上就是企业品牌的成长，而企业品牌的成长倒过来也带动个人品牌的成长，这两个加起来形成你的公司强有力的虚的营销。加上你的产品本身也能被老百姓所接受，这样产品才会有价值。举个例子，一个生产鞋的公司，没有任何名气，尽管鞋的质量跟著名品牌鞋的质量不相上下，但品牌鞋卖一千元，他这个也许只能卖一百元，这中间差的九百元钱是怎么来的呢？是品牌营销，你没品牌所以价格提不高。

所以一个公司要成功，品牌营销有时候甚至比产品营销还要重要，品牌营销的价值是无限的。这就是为什么我们中国造的包只能卖一千人民币，同样材质的包印上LV的标志之后就能卖十万人民币，背后都是品牌价值在起作用。所以，利用营销能力把产品推销出去，把品牌推销出去，把你自己推销出去，变成了企业发展的一个重要手段，也是创业者必须具备的能力。

第四种能力是转化能力

第一种转化是把科学技术转化成生产力，这是我们常说的一句话。你拥有了技术，拥有了能力，但没法转化成产品卖出去，这是不行的。像比尔·盖茨要是一辈子待在实验室的话，我估计他就是个穷光蛋了，他把自己的研究成果转化成了微软产品，推销到全世界，他就成了全世界的首富。所以把科学技术转化成生产力、转化成产品能力是非常重要的。第二种是转化你个人的能力，一般情况下，知识分子创业都有一个前提条件，就是能把在大学里学的专业知识转化为社会能力、管理能力。比如我从北大出来，完全不知道社会是什么样子，如果说抱着书生意气，抱着在学校里的那种单纯思想和行为方式去干事情，难度会比较大，即使在西方社会也是这样，更不用说在中国这样一个复杂的综合体里面。

因此如果你不能把大学里的专业能力转化为社会能力、管理能力，就会很麻烦，你管自己一个人的时候也许管得很好，但管一帮人并不一定，那么你就需要学会从管自己一个人转换成管一帮人，也就是说把专业能力转换成综合能力，把专业才能转化成领导才能。而这种转化是要经历很痛苦的过程的，我个人从北大出来，到最后觉得自己当了新东方的领导，管着一百多人的团体管得比较得心应手，至少花了五年的时间。

能力是能够成长的，现在我在新东方手下管着近一万人的教师和员工，依然没出现什么大的差错，表明了新东方管理能力的增加。所以人的能力是在不断转化的，关键是你自己要努力去转化，比如有很多大学生性格很内向，不愿意跟社会人士打交道，那你要想创业的话，这个交道是不能不打的，不打的话你就封闭了自己，同时把可能成功的机会也封闭了。

第五种能力是社交能力

进入社会，首先你要理解社会，要理解别人为什么要这么做。比如我刚开始出来的时候，社会上那些风气啊三教九流啊，我完全不懂，跟他们打交道的时候觉得特别吃力，新东方的发展也处处受制于人，一会儿居委会的老太太来把我骂一顿，一会儿城管的人来了又把我罚一通，最后弄得没办法。我慢慢学会了把自己放得心态平和，去理解这些社会上的人，最后当你开始混迹于这个社会，并且思想和境界又超越这个社会的时候，你大概就能干出点事情来了。

你不能显示出不愿意跟社会打交道的样子，但你看事情的眼光又是超越社会的，"大隐隐于市，小隐隐于山"就是这个概念，小的隐士、没有什么出息的隐士才跑到山里去隐居起来，不愿意跟社会打交道，那些大的圣人，智者都是在社会中跟人打交道而思想境界又超于社会的人。做企业也是这样，一个企业家，如果不能和社会同存却又不超越于社会，就会很麻烦，所以我觉得社交能力对一个企业家或创业者来说，十分重要。

第六种能力是用人的能力

仅仅一个人做事情不能叫创业，那叫个体户，所以想创业的话你就得找一帮人，你的合作伙伴，你的同事，你的下属，这些人，从一开始你就得用对了，挑了没有能力的人最后做不出事情来，挑了过于有能力的人最后跟你造反、老是跟你过不去，你也做不出事情来，把人招进来了就得让人服你，因此就得展示你的个人魅力，还得展示你的判断能力、设计能力，让大家觉得跟着你走是有前途的，哪怕在最艰难的时候大家也愿意跟着你。

阿里巴巴的马云之所以能成功，很大程度归因于他的个人魅力，他有能力把一帮人聚在一起，给他们不高的工资，给他们承诺未来，这个未来到最后不知道能不能实现，但大家会有一个期盼。所以用人能力是有巨大力量的，它是领导能力的一个典型体现。

当刘邦打下天下，手下问他为什么能做到的时候，他说了这样一番话：其实我自己一点本领都没有，但我能够用萧何、韩信、张良等这样的人才，是他们帮助我打天下；项羽身边有一个范增，他都没有能力好好用上，最后一定被我抓起来。这就体现了领导能力的重要作用，一个孤军奋战的人也许能成为英雄，但他却不能成就事业。刘邦，不管他有没有打过仗，他都是我们心目中的英雄，还是领袖，因为他创建了一个几百年的帝国朝代，容纳了那么多的有识之士。

所以，用人能力对我们来说是非常重要的，假如新东方没有相当一批人才，是做不到今天的，新东方有一句话叫做：一只土鳖带着一群海龟在这儿干，这只土鳖就是我，而海龟呢就是围绕在我身边的新东方几十个高层管理者，他们大部分都是海外留学归来的。大家都知道，海归本身眼界是比较高的，很多人眼睛都是长在额头上的，是很容易看不起土鳖的，所以我就必须抱着为他们服务的心态，同时我自己的学习能力必须超强，在很多方面必须接近甚至超越他们，他们才会服你，才会跟着你干，当然，当你想做出一番大事业的时候，会发现身边的人越来越多，各种各样个性、想法的人越来越多，你要能把他们统一在一起，既要运用利益的杠杆，又要动用感情的杠杆、事业的杠杆把他们完美地结合在一起，是一件挺不容易的事情。

第七种能力是把控能力

包括几个方面，首先是对企业的把控，企业的发展速度是什么？发展节奏是什么？什么时候该增加投入？什么时候应该对产品进行研发？等等。其次是对人的把控，当一个人走进你的公司之后，他会根据自己的能力和贡献每天衡量自己到底应该得到什么，人与人之间永远会寻找一种平衡关系；人与人之间还有另外一种关系，就是每天都在衡量我在对方心中的分量到底有多重，当对方觉得你的分量重、他没有分量的时候，他是不会来跟你计较的，等到对方觉得他的才能、他的技术或者他的领导力已经达到能和你较劲的时候，对方不提出来，那他就是傻瓜。

所以，人与人永远都是在一种平衡中间，而这种平衡需要你对人性进行很深刻的了解，并且随时把握每个人的动向，满足他们的需求，同时还能压制住他们不合理的要求和欲望，能够让他们跟你一条心、不断往前走。其实对人的把控能力、对环境的把控能力、对企业发展步骤的把控能力，构成了你创业是否成功的重要条件。

第八种能力是革新能力

所谓革新能力就是需要你不断把旧的东西去掉，把新的东西引进来，进行体制上的革新、制度上的革新、技术上的革新以及思想上的革新。从我自己做事情的过程来看，一个人或者一个企业家成长的过程，就是不断否定自己的过去，承认自己的现在，追求自己的未来的过程。一旦你觉得现在这样就已经挺好，做成这样已经不错，就不会有更大发展的空间。

我在新东方，经历了无数次的否定，你看新东方从个体户发展到家族店，然后变成哥们合伙制，接着变成国内股份制有限公司，然后发展成国际股份制有限公司，最后变成美国上市公司，每一个步骤都是脱了一层皮的，因为每一次改变都意味着要进行大量的利益改革和结构改造，大量的人事改革和改造，如果你改不过来，企业就有可能面临崩溃。

当初跟我一个时期做外语培训班的人，很多到现在依然是夫妻店，这是我十五年以前的状态，但新东方迅速把夫妻店改变成了现代化的企业，每年培训一百五十万学生。每一次的改革伴随着阵痛，但也伴随着发展，而改革还得把握好步骤，如果改得不好、改得太猛了，企业也有可能崩溃掉；但如果停滞不走，也会崩溃掉，这就像中国的社会政治经济改革，如果想一步到位，一下子把所有东西都变成现代化，那会有危险，但中国若不改，就会陈旧落后，也很危险。

因此，每走一步都要小心，又不能不走。对创业的改革也非常重要，比如说在技术方面，你不更新的话，最后就会失去市场，也会失去机会，在这一点上我个人非常佩服苹果公司的老总，他刚开始在苹果，后来被苹果公司弄出去之后他又做动画片，电影也做得很好，后来又开始研究iPod，iPod还在热销的时候他却又开始研究iPhone，现在iPhone也在全世界热销了，所以每走一步，他的思想都是超前的，他是一位创新、革新的英雄和时代的弄潮儿，我们要做企业就得向这样的人学习。

【练习】

一、在下面的行动计划表中填上你将弱项变为强项的具体打算：

我的素质和能力	我将如何在这方面提高

二、分析你的能力和经验。

写出你能够做到的事情，越多越好，即使这些想法看上去不切实际和异想天开：

我的技能	
我擅长做的事情	
我的兴趣	
我的经验	
我的社会关系	

第四节　大学生创业的优惠政策

为支持大学生创业，国家各级政府出台了很多优惠政策，涉及融资、开业、税收、创业培训、创业指导等诸多方面。对打算创业的大学生来说，了解这些政策，才能走好创业的第一步。

教育部2014年12月10日正式公布《关于做好2015年全国普通高等学校毕业生就业创业工作的通知》指出，即日起将全面推进创新创业教育和自主创业工作。大学生创业享税收减免优惠，高校要建立弹性学制，允许在校学生休学创业，并聘请创业成功者、企业家、投资人、专家学者等，担任兼职导师，对创新创业学生进行一对一指导。

一、放宽市场准入条件

1. 程序更简化

凡高校毕业生申请从事个体经营或申办私营企业的，可通过各级工商部门注册大厅"绿色通道"优先登记注册。其经营范围除国家明令禁止的行业和商品外，一律放开核准经营。对限制性、专项性经营项目，允许其边申请边补办专项审批手续。对在科技园区、高新技术园区、经济技术开发区等经济特区申请设立私人企业的，特事特办，除了涉及必须前置审批的项目外，试行"承诺登记制"。申请人提交登记申请书、验资报告等主要登记材料，可先予颁发营业执照，让其在3个月内按规定补齐相关材料。凡申请设立有限责任公司，以高校毕业生的人力资本、智力成果、工业产权、非专利技术等无形资产作为投资的，允许抵充40%的注册资本。

2. 减免各类费用

除国家限制的行业外，工商部门自批准其经营之日起1年内免收其个体工商户登记费、个体工商户管理费和各种证书费。对参加个私协会的，免其1年会员费。对高校毕业生申办高新技术企业的，其注册资本最低限额为10万元，如资金确有困难，允许其分期到位；申请的名称可以"高新技术""新技术""高科技"作为行业予以核准。高校毕业生从事社区服务等活动的，经居委会报所在地工商行政管理机关备案后，1年内免予办理工商注册登记，免收各项工商管理费用。

二、享受资金扶持政策

1. 优先贷款支持，适当发放信用贷款

加大高校毕业生自主创业贷款的支持力度，对于能提供有效资产抵押或优质客户担保的，金融机构优先给予信贷支持。对高校毕业生创业贷款，可由高校毕业生为借款主体，担保方可由其家庭或直系亲属家庭成员的稳定收入或有效资产提供相应的联合担保。对于资信良好、还款有保障的，在风险可控的基础上适当发放信用贷款。

2. 简化贷款手续

通过简化贷款手续，合理确定授信贷款额度，一定期限内周转使用。

3. 利率优惠

对创业贷款给予一定的优惠利率扶持，视贷款风险度不同，在法定贷款利率基础上可适当下浮或少上浮。

相关银行人士均表示，有些银行没有开办大学生自主创业贷款这项业务，这种尴尬情况主要缘于此类贷款的高风险。中信实业银行办公室有关人士表示，银行在追求资金收益性、流动性的同时，也要考虑其安全性。大学毕业生自主创业贷款相对其他贷款的风险高。大学生刚毕业，缺少社会工作经验，又没有合适的抵押物或担保，银行一般不会轻易贷款。另一位业内人士也表示，即使大学生手头上有合适的项目，但这也只是个别现象。作为企业，银行发放这样的贷款投入成本和收入不成正比。

事实上，大学生创业贷款难就难在无法提供有效资产作抵押或质押。已有多家银行开办了针对具有城镇常住户口或有效居留身份，年满18周岁自然人的个人创业贷款。此类创业贷款要求个人采用存单质押贷款，或者房产抵押贷款以及担保贷款。

三、实行税费减免优惠

凡高校毕业生从事个体经营，自工商部门批准其经营之日起1年内免交税务登记证工本费。新办的城镇劳动就业服务企业，当年安置待业人员超过企业从业人员总数60%的，经主管税务机关批准，可免纳所得税3年。劳动就业服务企业免税期满后，当年新安置待业人员占企业原从业人员总数30%以上的，经主管税务机关批准，可减半缴纳所得税2年。

四、提供培训指导服务

（1）对高校毕业生在整个毕业学年内参加创业培训的，根据其获得创业培训合格证书或就业、创业情况，按规定给予培训补贴。

（2）进入"高校学生科技创业实习基地"创办企业，可享受减免12个月的房租、专业技术服务与咨询、相应的公共设施以及公共信息平台服务等。

（3）在办理自主创业行政审批事项时，可以通过"绿色通道"享受联合审批、一站式服务、限时办结和承诺服务等。

（4）各城市应取消高校毕业生落户限制，允许包括专科生在内的高校毕业生在创业地办理落户手续。

（5）自主创业申报灵活就业的高校毕业生，各级公共就业和人才服务机构按规定提供人事、劳动保障代理服务，做好社会保险关系接续工作。

即使国家提供了这么多的优惠政策给我们，但是创业仍然不是一件容易的事情，需要敏锐的目光、一定的资金保障和相应的创业知识与经验等。

 小资料

辽宁省已制定70条优惠政策

大学毕业生贷款搞创业，不用自己四处找担保了，辽宁省高校就业指导中心发布：各级政府设立的下岗失业人员小额贷款担保基金和中小企业担保基金也要用于为高校毕业生自主创业兴办企业申请小额贷款提供担保，毕业生创业贷款担保5万元。从2006年起，设立"高校毕业生创业资金"，它通过财政和社会两条渠道筹集，专项用于为高校毕业生自主创业、兴办企业申请小额贷款提供担保。

据介绍，自主创业小额贷款担保金额一般在5万元左右，期限一般不超过2年，还款方式和记结息方式由借款双方商定；对毕业生合伙经营和组织起来创业的，可根据人数和项目，适当扩大贷款规模。各家商业银行根据借款人实际情况审核确定。自主创业小额担保贷款的责任余额不得超过自主创业担保基金银行存款余额5倍，担保机构收取的担保费不超过贷款本金的1%，担保费由同级财政全额支付。

高校毕业生自主创业小额担保贷款由担保机构与商业银行共担风险，担保基金单清偿贷款损失额的90%，商业银行承担贷款损失额的10%。

此外，为帮助大学生自主创业提供便利条件，辽宁省准备设立大学生创业孵化中心，孵化中心建成后将从大学生中选取一定数量的有创业意识的代表直接到孵化中心"孵化"，为大学生自主创业提供实践的场地。

针对高校毕业生走向社会就业创业的高峰期，目前，辽宁省已制定70条优惠政策，鼓励和支持高校毕业生就业和创业。

辽宁省于2003年成立了省高校毕业生就业工作领导小组，在构建促进高校毕业生就业体系方面走在了全国前列。为推动全省高校毕业生的就业和创业工作，2003年以来，省委、省政府共制定了70条促进大学生就业的政策，在为毕业生提供创业贷款、公司注册申办、税收减免等方面促进毕业生自主创业。

第五节　创业项目的选择与决策

掌握创办新企业的一般流程，是成功创业的第一步。创办一个新企业的流程包括选择创业项目、撰写创业计划书、创业融资，最后进行注册登记等。

一、选择创业项目

创业首先要有创业项目。创业项目选择应从发现商机开始，然后进行商机评估，通过商机评估来确立创业项目。

(一) 寻找创业项目

有一个好的创业项目，是成功创业的开始。在寻找创业项目的过程中，一般可以采取以下几种方法。在市场调查研究和日常生活中发现项目进行深入的市场调查研究，是发现创业项目的重要途径。主要内容包括：政治和法律环境调查、社会人文环境调查、经济环境调查、自然环境调查和人口环境调查。

在进行人口环境调查中，要弄清楚：人口数量、人口构成、人口流动和迁移、家庭收入状况和家庭结构变化等情况。主要目的是进行市场细分，寻求适合自己的创业机会。

在经济环境调查中，要对当地的经济状况、消费者消费偏好、购买能力、市场容量及相关状况进行详细调查和分析。在进行市场调查时，一般可以采取普查法、访谈调查法（包括走访调查、电话调查、书面问卷留置调查、邮寄调查）、运用互联网调查等。调查结束后，要对调研情况进行分析、比较和筛选，最终决定要进入的创业领域。

市场调查需要敏锐的眼光和深入的思考，才能够有效地发现创业商机和项目。

1. 在平凡细微事件中发现创业项目

发现一个好的创业项目有时并不难，往往在我们日常生活周围就有很多的创业项目，关键看我们是否具备对身边商机的反应和识别能力。

2. 从环境分析中发现创业项目

创业环境是指创业者所处的宏观、中观（行业）和微观环境。由于环境问题过于庞大和复杂，所以认识一般环境的方法首先要从宏观、中观和微观三个层次着眼，从政治、经济、社会和技术四个方面入手，着力点聚焦在对创业者所处的微观环境的精准分析上。一般是从供应商、顾客、竞争者、政府和公众压力集团五个方面来分析创业环境的特征，从中发现创业项目。一个创业者被环境所包围，环境中既蕴涵着无限商机，也隐藏着巨大威胁。创业者在环境中很渺小，唯一的生存方式是适应环境的变化，并充分利用环境提供的机会，规避风险与威胁，才可能取得创业的成功。

3. 在社会关注的热点问题中寻找创业项目

社会关注的热点问题，往往是因为人们的某种需求未被满足，这是开发创业项目的极好机遇。例如，社会老龄化产生的老年服务需求是热点，独生子女产生的校外特长教育需求是热点，环境污染产生的优良环境需求是热点，食品安全问题产生的"绿色食品"需求是热点，下岗失业问题产生的就业需求是热点和网络时代的到来产生的网络游戏是热点等。类似的还有单亲家庭问题、城市扩大与农民转入城市问题、个体创业问题、宗教的兴起、文明病的增多、国外求学等，这些热点聚集着庞大的人群，他们有着共同的需要。满足不同群体的隐性需求的项目，就是创业的好项目。但另一方面，从"不满意"中也可能发现商机，实践证明，在"不满意"中能够发现大量的创业思路和创业项目。

（二）创业项目选择

（1）选择个人有兴趣或擅长的项目；
（2）选择市场消耗比较频繁或购买频率比较高的项目；
（3）选择投资成本较低的项目；
（4）选择风险较小的项目；
（5）选择客户认知度较高的项目；
（6）可先选择网络创业（免费开店）后进入实体创业项目。

（三）创业方向选择

方向一：高科技领域

身处高新科技前沿阵地的大学生，在这一领域创业有着近水楼台先得月的优势，"易得方舟""视美乐"等大学生创业企业的成功，就是得益于创业者的技术优势。但并非所有的大学生都适合在高科技领域创业，一般来说，技术功底深厚、成绩优秀的大学生才有成功的把握。有意在这一领域创业的大学生，可积极参加各类创业大赛，获得脱颖而出的机会，同时吸引风险投资。

推荐商机：软件开发、网页制作、网络服务、手机游戏开发等。

方向二：智力服务领域

智力是大学生创业的资本，在智力服务领域创业，大学生游刃有余。例如，教育培训领域就非常适合大学生创业，一方面，这是大学生勤工俭学的传统渠道，积累了丰富的经验；另一方面，大学生能够充分利用高校教育资源，更容易赚到"第一桶金"。此类智力服务创业项目成本较低，一张桌子、一部电话就可开业。

推荐商机：家教、家教中介、教育培训、设计工作室、翻译事务所等。

方向三：连锁加盟领域

统计数据显示，在相同的经营领域，个人创业的成功率低于20%，而加盟创业的则高达80%。对创业资源十分有限的大学生来说，借助连锁加盟的品牌、技术、营销、设备优势，可以较少的投资、较低的门槛实现自主创业。但连锁加盟并非"零风险"，在市场鱼龙混杂的现状下，大学生涉世不深，在选择加盟项目时更应注意规避风险。一般来说，大学生创业者资金实力较弱，适合选择启动资金不多、人手配备要求不高的加盟项目，以小本经营开始为宜；此外，最好选择运营时间在 5 年以上、拥有 10 家以上加盟店的成熟品牌。

推荐商机：快餐业、家政服务、校园小型超市、数码速印站等。

方向四：开店

大学生开店，一方面，可充分利用高校的学生顾客资源；另一方面，由于熟悉同龄人的消费习惯，因此入门较为容易。正由于走"学生路线"，因此要靠价廉物美来吸引顾客。此外，由于大学生资金有限，不可能选择热闹地段的店面，因此推广工作尤为重要，需要经常在校园里张贴广告或和社团联办活动，才能广为人知。

推荐商机：高校内部或周边地区的餐饮、咖啡屋、美发屋、文具店、书店、修鞋店等。

（四）创业团队的选择

在强调团队合作的今天，创业者想靠单打独斗获得成功的概率大大降低，团队精神已成为创业者不可或缺的创业素质，风险投资商在投资时往往看重有合作能力的创业团队。因此，组建创业团队是大学生创业者需要具备的能力之一，也是实现成功创业的重要保障。

目前，可供大学生选择的创业团队类型有同学型创业团队、亲属型创业团队和师生型创业团队等。

1. 同学型创业团队

同学型创业团队是由同学所组成的创业团队，是大学生自主创业中最普遍存在的一种形式。同学型创业团队成员可能来自大学时期的室友，也可能来自同一个班级、同一个专业或同一所学校，还有的团队是跨学校之间组建的。这种团队的组建过程可能是一个创业带头人发现了商机，发起了创业活动，大家随之参与；也可能是大家一起讨论发现了商机，共同开始创业活动。例如，携程网、三一重工等一些知名的企业，当初就是由几名初出茅庐的大学生组成的同学型创业团队开创的。

大学生具有青春、激情、单纯的特点，没有包袱，敢想敢干，尤其是彼此间的信任和具有一定的社会责任感，同时具有一定的专业背景、理性与系统的思维训练以及师生资源等优势。因此，同学型创业团队一旦克服了大学生社会经验不足、资金与社会资源短缺等困难，创业就容易成功。

2. 亲属型创业团队

亲属型创业团队有两种类型：一种是家庭或家族已有企业，等待大学生毕业后参与再创业；另一种是大学生毕业后与父母或其他亲属一起创业。中国人对家族式创业情有独钟，家族型成功创业的案例比比皆是。

大学生要充分利用家族资源开展创业，既要尊重家族的首次创业，又要把新的创业理念引入家族企业中进行二次创业。

3. 师生型创业团队

学校既是大学生创业者的背景优势，又是资源优势。邀请老师参加创业团队，使老师的科研成果转化为产品进行创业，是组成大学生创业团队的一种重要形式。

目前，高校中的教师，尤其是理工类学校的教师普遍有一些科研成果，其中部分成果可以直接开发出新产品。但是，由于他们的主要精力集中于教学和科研之中，无暇或无力实现科研成果的转化。因此，大学生创业者可以采用股份制的方式，邀请教师参与到创业团队中，将教师的科研成果作为新创企业的股份，组成师生型创业团队。

二、项目选择的评价原则

选择一个好项目是创业成功的重要一步。在选择项目的过程中，应坚持以下原则：

1. 怀疑第一原则

在创业过程中，当发现一个创业项目或商机时，创业者应以怀疑的眼光提出几个为什么，如创业项目所在的行业是否有多个实力雄厚、占绝对优势的行业霸主存在？如果有，他们为什么不做该项目？如果是他们认为该项目"盘子"太小，不值得做，或是该项目太麻烦，不好做，或他们判断失误，没有发现其中的价值，那么该项目就有可能成为好项目。否则，就要谨慎，防止创业陷阱。

2. 财力导向原则

当有了理想的创业项目，并将要倾其所有，为此项目奋斗终生的时候，就需对该项目需要投入多少精力、人力、管理、资金等进行认真梳理，然后，再根据自己的综合实力来实施计划，既不要贪大，也不能过于保守。

3. 需求导向原则

要获得好的创业项目，关键是看项目能够为顾客提供哪些价值。能够急顾客之所急，提供顾客之所求的项目就是好项目，这是选择创业的最重要的条件和标准。

4. 专业导向原则

不同的行业因其性质和特点不同，对创业者的能力、素质、知识水平的要求也不同。任何人都不是全才，因此，在选择创业项目时，必须正确地认识自己的能力倾向及优势所在，力求与创业领域的具体要求相匹配，扬长避短，选择能够充分发挥自己专业特长的行业。

5. 兴趣导向原则

兴趣是干好一件事情的动力之一，根据自己的兴趣确立创业目标更容易使自己的创业走向成功。当然，由于诸多原因，有时选定的创业目标与自己的兴趣不完全符合，在这种情况下，就应当尽量从与自己兴趣相近的领域中进行选择，并培养起自己的职业兴趣。

6. 低门槛进入原则

进入成熟的产业领域壁垒较高，成本过大，而且由于其产品一般处于成熟期，往往生命周期较短，风险较大。所以，初创业的大学生应选择竞争较弱、壁垒较低、成长性强的新兴产业领域，这虽然也有一定风险，但是发展潜力较大。

7. 新兴产业导向原则

据专家分析预测，我国在未来社会发展具有潜力的职业有医学产业、市场营销、计算机技术、通信业、电子工程技术、金融商业系统分析员、公共事业、社区医疗服务与社会工作、信息与网络技术、法律等。创意产业值得创业家的关注，比较适合于大学生的有动漫、游戏、广告、网络营销、设计、软件开发、培训等领域。在新兴产业领域创业，大学生具有得天独厚的优势。

8. 先生存导向原则

对于刚刚涉足创业门槛的大学生来说，创业资本不雄厚、经验欠缺，应该将为数不多的资金投入规模小、风险小的事业中去，先求小利，保证生存，而后依靠滚动发展再逐渐做大做强。

9. "借鸡生蛋"原则

为了解决创业资金短缺和风险问题，可以将组建的创业团队以一个部门的名义挂在有实力的公司旗下，每年的营业额按一定比例与公司分成。采取这种创业策略，可省下一大笔前期投入，同时又可省去开业投入的房租、水电费等。这样"借鸡生蛋"，稳扎稳打起步，等时机成熟再考虑自立门户。

在自主创业过程中，可以从实际出发进行自主创业项目选择。

三、创业项目决策评价方法

创业项目要做到多大才能够保本？做到多大才能赚钱？这里需要弄清楚保本点的算法和降低保本点的做法。

1. 保本点的估算

毕业生创业大多为小本生意，一般很难承受那种保本点高、利润回报时间长的创业项目，评价方法主要是保本点评价法。

2. 降低保本点的做法

一是控制总投资，特别是一次性资本投资更需严格控制，可花可不花的钱尽量不花；

二是提高单位销售价格，但要知道价格的下限是成本，上限是市场，可以定高价，但高价格可能降低企业的竞争力和消费者的购买量，除非自己的产品或经营具有溢价的独特之处，否则提价是危险的；

三是降低变动成本，这也是有极限的，因为一定的成本支持一定的质量；

四是加快产品循环周期，在成本和质量一定的情况下，通过快速运转，增量也就增加了利润，这是一个最有潜力的好办法。

当然，一旦越过保本点后，往往投资最大的项目赚钱也最多，投资少的项目赚钱也少。如何选择，要根据自身资源情况、风险承受能力等众多因素来进行最终选择。

四、创业需要注意的事项

1. 积极利用现有资源

不少在职人员都选择了与工作密切相关的领域创业，工作中积累的经验和资源是最大的创业财富，要善于利用这些资源，以便近水楼台先得月。对能帮自己生存的项目，要优先进行考虑。不要在只能改善形象或者带来更大方便的项目上乱花费用。

2. 自己的业务渠道

有些上班族有投资资金或有一定的业务渠道，但苦于分身乏术，因此会选择合作经营的创业方式。如果我们需要合伙人的钱来开办或维持企业，或者这个合伙人帮助我们设计了这个企业的构思，或者他有我们需要的技巧，或者我们需要他为我们鸣鼓吹号，那么就请他加入我们的公司。这虽能让兼职老板轻松上阵，但要慎重选择合作伙伴，在请帮手和自己亲自处理上，要有一个平衡点。首先要志同道合，其次要互相信任。不要聘用那些适合工作，却与我们合不来的人员，也不要聘用那些没有心理准备面对新办企业压力的人。

此外，和合作伙伴之间的责、权、利一定要分清楚，最好形成书面文字，有合作双方和见证人的签字，以免起纠纷时空口无凭。

3. 细致准备必不可少

创业是一项庞大的工程，涉及融资、选项、选址、营销等诸多方面，因此在职人员创业前，一定要进行细致的准备。

通过各种渠道增强这方面的基础知识；根据自己的实际情况选择合适的创业项目，为创业开一个好头；撰写一份详细的商业策划书，包括市场机会评估、赢利模式分析、开业危机应对等，并摸清市场情况，知己知彼，打有准备之仗。不要对未经试验的创意随手扔在一边。如果用这种创意来做生意，也得留心其中可能的陷阱。自问一下：我们是否得花大力气来宣传我们的产品或者服务？我们具有足够的财经资源、技能、人手和业务关系吗？找错潜在销售客户，我们没有必要在那些没有决策能力的人身上浪费我们的时间。

4. 尽量用足相关政策

政府部门有很多鼓励创业的政策，是对大学生创业的鼓励和支持，创业时一定要注意"用足"这些政策，如免税优惠、在某地注册企业可享受比其他地区更优惠的税率等。这些政策可大大减少创业初期的成本，使创业风险大为降低。

5. 经商之道，以计为首

所有商业经营活动，如果从表面上来看，好像是一种仅仅与物质打交道的经营活动，但是，透过现象看本质，在今天的"食脑时代"里，商业经营活动实质上已经变成了一种人与人之间的智力角逐，是一场"斗智斗勇"的智力游戏，是人与人之间的谋略大比试。因此，正如古代军事家所说的"用兵之道，以计为首"一样，经商之道也应该以计为首。面对空前惨烈的市场竞争，我们想要找准自己的立足点和切入点，站稳脚跟，生存下来，谋取利益，发展壮大，那么，就必须首先考虑如何运用自己的商业智慧制定全面系统的、可执行的、可操作的与切实有效的经营策略和实施方案，以便确保每战必捷，战无不胜。

6. 决策问题

决策失误时，不要对失误过于敏感，我们的失误会带来直接后果，如发错货可能致使一个客户立刻与我们断绝关系。作为企业家，冒风险时，要谨而慎之。如果出现失误，不要过于敏感，应接受事实，从中吸取教训。

7. 不要被胜利冲昏头脑

我们第一步的成功全靠我们的创意好、时机合适、运气不错和良好的业务关系。不过，这一切随时都可能离我们而去。因此，不要太过自信，投入过量的资金，使自己陷入泥沼之中。

五、大学生创业风险

大学生创业者要认真分析自己创业过程中可能会遇到哪些风险，这些风险中哪些是可以控制的，哪些是不可控制的，哪些是需要极力避免的，哪些是致命的或不可管理的。一旦这些风险出现，我们应该如何应对和化解。特别需要注意的是，一定要明白最大的风险是什么，最大的损失可能有多少，自己是否有能力承担并渡过难关。大学生创业的风险主要有以下几个方面：

风险一：项目选择

大学生创业时如果缺乏前期市场调研和论证，只是凭自己的兴趣和想象来决定投资方向，甚至仅凭一时心血来潮做决定，一定会碰得头破血流。大学生创业者在创业初期一定要做好市场调研，在了解市场的基础上创业。一般来说，大学生创业者资金实力较弱，选择启动资金不多、人手配备要求不高的项目，从小本经营做起比较适宜。

风险二：缺乏创业技能

很多大学生创业者眼高手低，当创业计划转变为实际操作时，才发现自己根本不具备解决问题的能力，这样的创业无异于纸上谈兵。一方面，大学生应去企业打工或实习，积累相关的管理和营销经验；另一方面，积极参加创业培训，积累创业知识，接受专业指导，提高创业成功率。

风险三：资金风险

资金风险在创业初期会一直伴随在创业者的左右，是否有足够的资金创办企业是创业者遇到的第一个问题。企业创办起来后，就必须考虑是否有足够的资金支持企业的日常运作。对于初创企业来说，如果连续几个月入不敷出或者因为其他原因导致企业的现金流中断，都会给企业带来极大的威胁。相当多的企业会在创办初期因资金紧缺而严重影响业务的拓展，甚至错失商机而不得不关门大吉。另外，如果没有广阔的融资渠道，创业计划只能是一纸空谈。除了银行贷款、自筹资金、民间借贷等传统方式外，还可以充分利用风险投资、创业基金等融资渠道。

风险四：社会资源贫乏

企业创建、市场开拓、产品推介等工作都需要调动社会资源，大学生在这方面会感到非常吃力。平时应多参加各种社会实践活动，扩大自己人际交往的范围。创业前，可以先到相关行业领域工作一段时间，通过这个平台，为自己日后的创业积累人脉。

风险五：管理风险

一些大学生创业者虽然技术出类拔萃，但理财、营销、沟通、管理方面的能力普遍不足。要想创业成功，大学生创业者必须技术、经营两手抓，可从合伙创业、家庭创业或虚拟店铺开始，锻炼创业能力，也可以聘用职业经理人负责企业的日常运作。

创业失败者，基本上都是管理方面出了问题，其中包括：决策随意、信息不通、理念不清、患得患失、用人不当、忽视创新、急功近利、盲目跟风、意志薄弱等。特别是大学生知识单一、经验不足、资金实力和心理素质明显不足，更会增加在管理上的风险。

风险六：竞争风险

如何面对竞争是每个企业都要随时考虑的事，而对新创企业更是如此。如果创业者选择的行业是一个竞争非常激烈的领域，那么在创业之初极有可能受到同行的强烈排挤。一些大企业为了把小企业吞并或挤垮，常会采用低价销售的手段。对于大企业来说，由于规模效益或实力雄厚，短时间的降价并不会对它造成致命的伤害，而对初创企业则可能意味着彻底毁灭的危险。因此，考虑好如何应对来自同行的残酷竞争是创业企业生存的必要准备。

风险七：团队分歧

现代企业越来越重视团队的力量。创业企业在诞生或成长过程中最主要的力量来源一般都是创业团队，一个优秀的创业团队能使创业企业迅速发展起来。但与此同时，风险也就蕴含其中，团队的力量越大，产生的风险也就越大。一旦创业团队的核心成员在某些问题上产生分歧不能达到统一时，极有可能会对企业造成强烈的冲击。

事实上，做好团队的协作并非易事。特别是与股权、利益相关联时，很多初创时很好的伙伴都会闹得不欢而散。

风险八：核心竞争力缺乏的风险

对于具有长远发展目标的创业者来说，他们的目标是不断地发展壮大企业，因此，企业是否具有自己的核心竞争力就是最主要的风险。一个依赖别人的产品或市场来打天下的企业是永远不会成长为优秀企业的。核心竞争力在创业之初可能不是最重要的问题，但要谋求长远的发展，就是最不可忽视的问题。没有核心竞争力的企业终究会被淘汰出局。

风险九：人力资源流失风险

一些研发、生产或经营性企业需要面向市场，大量的高素质专业人才或业务队伍是这类企业成长的重要基础。防止专业人才及业务骨干流失应当是创业者需时刻注意的问题，在那些依靠某种技术或专利创业的企业中，拥有或掌握这一关键技术的业务骨干的流失是创业失败的最主要风险源。

风险十：意识上的风险

意识上的风险是创业团队最内在的风险。这种风险来自于无形中，却有强大的毁灭力。风险性较大的意识有：投机的心态、侥幸心理、试试看的心态、过分依赖他人、回本的心理等。

注意：大学生在创业过程中所遇到阻碍并不仅此十点，在企业发展过程中，随时都可能有灭顶之灾的风险。保持积极的心态，多学习，多吸取优秀经验，结合大学生既有的特长优势，我们相信，大学生创业的步伐会越走越远，越走越稳。

六、创业融资

创业融资是指创业者为了将某种创意转化为商业现实，通过不同的渠道，采用不同的方式筹集资金以建立企业的过程。融资时要注意把握融资的时机、数量、结构和商业秘密，特别要注意融资风险，这些都是非常专业的内容，可以请专业的法律顾问协助办理。

（一）融资方式和有效渠道

（1）小额担保贷款。以沈阳市为例，沈阳市出台了扩大融资渠道的政策，降低小额担保贷款门槛,对大学生和科技人员在高新技术领域实现自主创业的,每人可申请最高不超过 10 万元的小额担保贷款。

(2) 各类银行提供的创业贷款。以沈阳市为例,盛京银行可为大学生创业提供小额贷款。各市银行政策根据各地实际情况略有不同。

(二) 融资误区

从一些创业者的实践看,在创业融资方面往往存在这样或那样的误区,影响到新企业的长远利益,主要表现为三个方面。

(1) 急于得到企业启动或周转资金。给小钱让大股份,低价出售技术或创意。有不少核心技术拥有者在公司运营一段时间后,由于对当初的投资协议深感不满并提出了毁约。这样做的后果只能是自己在资本市场上臭名昭著,会极大地影响企业的发展。

(2) 签约草率,不够严谨。对投资人不能提供增值性服务和指导的,特别是在有"霸王条款"的情形下,由于疏忽而签字,使创业者蒙受损失。

(3) 不负责任地使用风险投资。每一轮融资中的投资者都将影响后续融资的可行性和价值评估。因此,对于尚处于早期的创业公司来说,应引入一些真正有实力、能提供增值性服务、与创业者理念统一的投资者,哪怕这意味着暂时放弃一些眼前的利益。

案例

借钱创业掉陷阱,启动资金被骗光

耿同学是某大学信息学院学生,马上要毕业的他一直在找机会创业。前不久,他在网上看到一则信息:位于某大学附近的天和招待所要转让。耿同学立即前往查看,招待所有三层楼,17 间房,房内设施齐备。

招待所店主黄先生称,转让招待所得到了房东的同意,他开出 4.2 万元的转让费用,其中还包括未到期的几个月的房租。耿同学创业心切,一口答应下来。

4 月 5 日上午,耿同学和黄先生及房东"胡汉忠"见了面,三人签订了转租合同,耿同学将从亲戚那里借来的 4.2 万元交给了黄先生。

4 月 8 日,耿同学的招待所刚刚开张,真房东闻讯赶来,要耿同学停业。原来,之前的房东"胡汉忠"只是原店主黄先生请来的"托",黄先生转让招待所,真房东并不知情。耿同学赶紧联系黄先生,但其电话已经停机。

此时,耿同学如梦初醒,懊悔不已,连声责怪自己太轻率了。房东胡先生也十分怜惜地说:"真不明白,这个大学生怎么能这么轻易将一大笔钱交给了别人?"他表示,可以将房子租给耿同学经营,但必须重新签订租赁合同。

对于创业初期的大学生来说,带着满腔热情,也带着对社会的无知,这就成全了很多骗子。陷阱无处不在,必须要时刻提防,这也是成为一个成功创业者必须经历的。要多吸取别人的经验和教训,规避风险,要懂得学会用法律手段维护自己的权益。

（三）正确评估自己的创业能力

对自身创业能力的正确把握，是创业者融资必须要认真评估的一个重要因素。尤其是采用债权融资方式的创业者，其偿还贷款的来源主要就是企业的盈利，而企业的盈利水平高低不仅取决于创业者所选择的创业项目，还取决于创业者的创业能力。因此创业者应从以下两个方面进行客观地评估：

1. 评估自身的企业运营能力

创业者的企业开业后，企业运营效率的高低及经营的成功与否等，在很大程度上取决于创业者的管理能力。因此创业者在融资前要充分考虑本企业的运营效率或者盈利能力，其核心就是企业能否生存下去。

2. 评估自身的市场驾驭能力

这主要体现在对市场趋势的预测能力和对市场的控制能力两个方面，前者主要看创业者能否通过对市场发展趋势的正确分析，来调整本企业的经营行为；后者则看创业者是否具有通过取得当前市场份额、扩大产品销量等提升企业获得利润的能力，使企业进一步发展。

第六节　创业计划书的制订与实施

一、创业计划书的作用

创业计划书又称商业计划书，是创业者就某个具有市场前景的产品或服务项目向风险投资家说明，以取得风险投资的商业可行性报告。

创业计划书的写作过程，是整理思想、调研市场、捕捉商机、运筹帷幄的过程。

二、创业计划书的基本框架与内容

创业计划一般应包括以下十个方面内容：

（1）执行总结该部分是整个创业计划的概括，包括以下内容：①创业背景和项目的简述；②创业机会概述；③目标市场描述预测；④竞争优势和劣势分析；⑤经济状况和盈利能力预测；⑥团队概述；⑦预计能提供的利益。

（2）创业背景和公司概述。创业背景应包括：详细的市场分析和描述、竞争对手分析、市场需求；公司概述应包括详细的产品（服务）描述以及它如何满足目标市场顾客的需求、进入策略和市场开发策略。

（3）市场调查和分析。包括：目标市场顾客的描述与分析、市场容量和趋势的分析与预测、竞争分析和各自的竞争优势、预估的市场份额和销害额、市场发展的趋势。

（4）公司战略。阐释公司如何进行竞争，包括：在发展的各阶段如何制定公司的发展战略；如何通过公司战略来实现预期的计划和目标；如何推广公司的营销策略等。

（5）公司总体进度安排。包括：收入来源、收支平衡点和现金流、市场份额、产品开发介绍、主要合作伙伴、融资方案。

(6) 关键的风险、问题和假定。包括：关键的风险分析（财务、技术、市场管理、竞争、资金撤出、政策等风险）、说明将如何应付或规避风险和问题（应急计划）。

(7) 管理团队。介绍公司的管理团队，其中要注意介绍各成员与管理公司有关的教育和工作背景（注意管理分工和互补），介绍领导层成员、创业顾问以及主要的投资人和持股情况。

(8) 公司资金管理。包括：股本结构与规模、资金运营计划、投资收益与风险分析。

(9) 财务预测。包括：财务假设的立足点、会计报表（包括收入报表、平衡报表、前两年季度报表、前五年年度报表）、财务分析（现金流、比率分析等）。

(10) 假定公司能够提供的利益。这是创业计划的"卖点"，包括：总体的资金需求；在这一轮融资中需要的是哪一级；如何使用这些资金；投资人可以得到的回报，还可以讨论可能的投资人退出策略。

三、制订创业计划书

一份成功的创业计划应具有以下六项突出特点：

(1) 思路清楚，文字简洁；

(2) 展示市场调查和市场容量；

(3) 了解顾客的需要并引导顾客，说明他们为什么会掏钱买自己的产品或服务；

(4) 在头脑中要有一个投资退出策略；

(5) 要尽量避免过分乐观，拿出一些与产业标准相去甚远的数据，注重产品，忽视竞争威胁，进入一个拥塞的市场；

(6) 应客观地进行优劣势分析比较，提出建设性建议，让投资者感到放心，说出自己是最合适做这件事的人选的原因。

 小资料

创业计划书

企 业 名 称
创 业 者 姓 名
日　　　　期

通 讯 地 址
邮 政 编 码
电　　　　话
传　　　　真
电 子 邮 件

一、企业概况

主要经营范围：

企业类型：生产制造、零售、批发、服务、农业、新型产业、传统产业、其他

二、创业者的个人情况

以往的相关经验（包括时间）：

教育背景和所学习的相关课程（包括时间）：

三、市场评估

目标顾客描述：

市场容量或本企业预计市场占有率：

市场容量的变化趋势：

竞争对手的主要优势：

竞争对手的主要劣势：

本企业相对于竞争对手的主要优势：

本企业相对于竞争对手的主要劣势：

四、市场营销计划

1. 产品

产品或服务	主要特征

2. 价格

产品或服务	成本价	销售价	竞争对手的价格

3. 地点

（1）选址细节

地址	面积	租金或建筑成本

（2）选择该地址的主要原因：

（3）销售方式

将把产品或服务销售或提供给：最终销售者　零售商　批发商

（4）选择该销售方式的原因：

4. 促销

人员推销		成本预测	
广告		成本预测	
公共关系		成本预测	
营业推广		成本预测	

五、企业组织结构

企业将登记注册成：个体工商户　个人独资企业　合伙企业　有限责任公司　其他

企业的员工：

人数　职务　月薪

合伙人与合伙协议

条款＼内容＼合伙人			
出资方式			
出资数额与期限			
利润分配和亏损分担			
经营分工、权限和责任			
合伙人个人负债的责任			
协议变更和终止			
其他条款			

六、固定资产

七、流动资金

八、销售预测

附 录

大学生就业创业案例

【案例1】

在淘宝行业和快递行业一开始兴起时,李琳就敏锐地发现互联网购物在未来将大有可为。很多同学都在淘宝上贪图便宜,购买廉价高仿货,而同宿舍的陈慧却从来不这样做,陈慧宁可少买、精买,也希望自己所穿所用都货真价实。因为穿假货、用假货,如果被识破,会很伤自尊,还不如选择一些自己能消费得起的普通品牌。

李琳也渐渐地发觉,那些原本购买了仿货的同学最后都会把钱省下来,再去商场选一件正品货。这不正是机遇吗?李琳便大手大脚地做起了海外代购。陈慧劝李琳不要这么着急冲动,创业是好事,是很不错的选择。但首先应该思考一下,在职业规划里,创业是作为一项历练,还是今后确实要去从事的工作。如果已经打算好从事这一行,那么之前一定要细致地分析行业状况,结合自身的特点做出判断。没有进行大量的准备工作,觉得自己一定行,盲目冲动,很有可能在之后遇到自己预想不到的麻烦,而这些麻烦又不是自己有把握去应对的。

但李琳认为自己有敏锐的观察力,也有魄力和胆识,如果好好做,一定能做出一点成绩。最后,由于她缺乏经验,再加上没有精打细算,甚至怀着侥幸的心理,委托朋友在过海关时,隐瞒不报关,因此货物也被相关部门扣留。

【点评】 不管目标是什么,规划都是必不可少的。创业也好,就业也好,深造也好,可行不可行,这也要视个人情况而定。但如果不去规划,不去判断自己合适与否,也就无法得到对自己能力的真实定位。

【案例2】

古时候一个佛学造诣很深的人,去拜访一位德高望重的老禅师。老禅师的徒弟接待他时,他态度傲慢,心想:"我是佛学造诣很深的人,你算老几?"后来老禅师恭敬地接待了他,并为他沏茶。在倒水时,明明杯子的水已经满了,老禅师还不停地倒。他不解地问:"大师,为什么杯子已经满了,还要往里倒?"大师说:"是啊,既然已满了,干吗还倒呢?"禅师的意思是,"既然你已经很有学问了,为什么还要来找我求教?"访客恍然大悟。

【点评】 归零心态也可称作空杯心态,它是一种谦虚的态度,表示重新开始。人的心就像一只杯子,当杯子注满了水,那么再往里倒水,杯子已经不能盛下,只会溢出。

当心里装满了名利、欲望、掌声、成就，我们若想获得更多的知识技能，想获得更大的成就时，必须定期把自己的内心清零，把自己想象成"一只空着的杯子"，而不是骄傲自满；当要准备迎接新的挑战时，必须放下以往所有的得失，调整自己去适应新的变化。

【案例3】

蚯蚓的目标阶梯

蚯蚓是我从小到大的朋友。蚯蚓不是原名，由于他长得黑矮瘦弱，因而得名。

我们18岁分开后，我在郑州上大学，蚯蚓什么事都挺顺当。在这分开的十年里，我们几乎每隔两三年见一次面。每一次我都喜欢问他同一个问题："你将来的目标是什么？"

而我得到的答案总是不相同，下面记录的是蚯蚓每次谈及目标的原话：

18岁，高中毕业典礼上，我发誓要当李嘉诚第二！我要当中国首富！

20岁，春节老同学团聚会上，我想创立自己的公司，30岁前拥有资产2000万元。

23岁，在某市工厂当技术员，第二职业是炒股；我正在为离开这家工厂而奋斗，因为在这里工作太没前途了。我将全力炒股，三年内用5万元炒到300万元。

25岁，炒股失意而情场得意，开始准备结婚，我希望一年后能有10万元，让我风风光光地结婚。

26岁，不太风光的结婚典礼上，我想生一个胖小子，不久的将来当个车间主任就行，别的不想了。

28岁，所在工厂效益下滑，偏偏正是妻子怀胎十月的时候，希望这次下岗名单里千万不要有我的名字。

【点评】 蚯蚓的职业生涯轨迹并不是少数人的情况，我们身边有许多人都重复着：蚯蚓为什么会有这样的心态历程？他在职业生涯发展的道路上到底犯了哪些错误？他又需要弥补哪些职业生涯发展的知识和能力？建议大家学习规划自己的职业生涯，铺就自己职业生涯发展的通途。

【案例4】

张婷是机械专业的毕业生，外形条件非常好，同时也多才多艺。别人都跟她讲，不去当模特，不去当明星，真是可惜了。于是她自己也对此自鸣得意。毕业后，她到处找工作，虽然有不少单位表示可以录用她，可她对待遇都不是很满意。大学时，她就做过兼职淘宝模特，收入还不错，而且工作无非就是拍拍照，也很轻松。仔细考虑了一下，她决定向这一行发展，目标是最后能进军娱乐圈。于是就在网上给一些广告模特经纪公司投递简历，因为她拍的一些艺术照很靓丽，很快就有很多广告模特经纪公司给她发来面试邀请。她很激动，就仔细装扮了一下，带着资料去了。但到了面试时，她才发现完全不是自己所想的那么回事，当模特是需要模特卡的，这是做这一行的通行证，当对方向她要模特卡时，她只能说没有这个。而对方就很好奇，难道她不知道这行需要这些东西吗？此外，做这个不是谁都可以，样貌好、身材好的非常多，做这行还很辛苦。虽然可以接到酬劳不错的单子，但不是每个月都一定能够接到单子的。这一行不仅是吃青春饭，还需要有人提携才行。张婷在经过多次碰壁之后，无奈只好放弃了。而与此同时，她的一位当时跟她一起做淘宝模特的朋友，走了另一条发展道路，选择继续做淘宝模特，后来还开了家淘宝模特经纪公司，随着近年来电子商务的红火，生意越做越大。

【点评】张婷想当然地以为自己样貌好、身材好就一定会成为一名出色的模特并顺利进入娱乐圈，把目标定得过高，并没有去充分地了解足够多的行业信息，做出了错误的定位。而她那位朋友，由于把目标定位在自己熟悉的淘宝模特上，从而取得了巨大的成功。

【案例5】
小王刚刚毕业参加工作，在公司做销售和市场推广。他在工作中很努力，但成绩却不是很理想，与自己的期望相差很远。特别是在人际关系方面，感觉挺有困难。在工作方面，做了很多，但领导还不满意。有时工作取得一些进展，但却被部门经理据为己有之功。他有种强烈被忽视和被欺骗的感觉。不怕付出，不怕累，他最大的感觉就是不公平。换一个单位，同样也会遇到一样的问题。他不知道接下来该怎么办？

【点评】
一、有很多刚走上工作岗位的年轻人都会有类似感受。对职场的一些规则和状况还是缺乏了解，因而遇到困难和问题，存在心理准备不足。
二、领导把自己的工作成绩，作为自己的业绩汇报上去，在自己看来很不公平。其实，领导是自己这个部门的负责人，自己的成绩就是这个部门成绩的一部分。有一天如果自己成为这个部门的领导，那自己部下的成绩，也一样是自己这个部门负责人的成绩。
三、销售和市场推广工作是一个难度很大的工作，想一下子做出成绩来，是不太可能的，所以不能太着急。工作中往往是用业绩来说话的，虽然自己做了很多努力，但是可能和领导的要求还有距离，领导就难以肯定自己。
这样看来，自己虽人在职场，但角色还是学生的成分多些。

专家观点：
职业规划师表示，心情不愉快的原因是由于自己角色转换没有很好完成导致的。角色转化方法如下：
第一，要学会入乡问俗，入乡随俗。到了一个单位、一个行业，首先要了解这个单位的工作规则，包括世俗的规则。千万不要让规则去适应自己，自己应该愉快、主动地适应规则，这样，才可能自如地在这里生活和工作。
第二，工作刚刚开始，要有耐心，不要着急。其实人一生都在适应，只是每个阶段适应的任务不同罢了。但是无论如何，自己需要坚守乐观与执着。
第三，是自己要知道我们进入职场，是为了生存和发展而来，并不是为了追求快乐而来，当然，如果生存和快乐并存，那是最好的。但是，如果生存和快乐发生对立的时候，我们应该选择哪一条呢？成年人的一个成熟的思考就是先做好需要做的才可能去做喜欢做的，那自己自然知道自己首先需要做好什么了。

【案例6】

你在为谁工作

齐瓦勃出生在美国乡村,受过很少的学校教育。15岁那年,家中一贫如洗的他到了一个山村做了马夫。然而雄心勃勃的齐瓦勃无时无刻不在寻找发展的机遇。三年后,齐瓦勃终于来到钢铁大王卡内基所属的一个建筑工地打工。

一踏进建筑工地,齐瓦勃就抱定要做同事中最优秀的人的决心。当其他人在抱怨工作辛苦、薪水低而怠工的时候,齐瓦勃却默默地积累着工作经验,并自学建筑知识。

一天晚上,同伴们在闲聊,唯独齐瓦勃躲在角落里看书。那天恰巧公司经理到工地检查工作,经理看了看齐瓦勃手中的书,又翻开了他的笔记本,什么也没说就走了。

第二天,公司经理把齐瓦勃叫到他的办公室,问:"你学那些东西干什么?"齐瓦勃说:"我想我们公司并不缺少打工者,缺少的是既有工作经验又有专业知识的技术人员和管理者,对吗?"经理点了点头。不久,齐瓦勃就被升任为技师。

打工者中,有人讽刺挖苦齐瓦勃,他回答说:"我不光是在为老板打工,更不单纯为了赚钱,我是在为自己的梦想打工,为自己的远大前途打工。我只能在业绩中提升自己。我要使自己工作所产生的价值,远远超过所得的薪水,只有这样我才能得到重视,才能获得机遇!"抱着这样的信念,齐瓦勃一步一步升到总工程师的职位上。25岁那年,齐瓦勃又做了这家建筑公司的总经理。

后来,齐瓦勃终于建立了自己的大型企业——伯利恒钢铁公司,并创下非凡的业绩,真正完成了他从一个打工者到创业者的飞跃。

【点评】 齐瓦勃的内职业生涯道路:很短的学校教育→雄心勃勃、寻找发展的机遇→决心做同事中最优秀的人→默默积累工作经验→自学建筑知识、管理专业知识→使工作所产生的价值远远超过所得薪水→在业绩中提升自我。

齐瓦勃的外职业生涯道路:山村马夫→建筑工人→技师→总工程师→总经理→建立了大型的伯利恒钢铁公司的企业家齐。

瓦勃的外职业生涯发展不是偶然的,不是天上掉的馅饼,他的外职业生涯发展是在其知识、观念、经验、能力等内职业生涯因素不断更新、水平不断提高的基础上获得的。

职业生涯新观点:

在职业生涯发展的道路上,重要的不是自己现在所处的位置,而是自己迈出下一步的方向。

我们不光是在为老板打工,更不单纯是为了赚钱,而是在为自己的梦想打工,为自己的远大前途打工,要在业绩中提升自己。

【案例7】

愿做"分外之事"

公司有一位员工,初到公司时,虽然落落大方,但并不算太出色,没人对她太在意。但后来，大家发现她工作很有主动性。她本来只是做课程助理，却常常自觉自愿地做些"分外之事"：看到文秘工作忙不过来，就主动帮忙整理；看见公司有两个网站常常处于无人管理的状态，还上手担负起了网管的工作职责；平常公司办公室较乱，便会自觉整理，她总是不断主动帮助同事，为公司的发展默默无闻地做事。不久，她就被提拔为办公室副主任，后来升为主任。

【点评】职场的一位新人，连分外之事都主动去做，还有谁不相信她的敬业精神呢？有一句广告词说得好："平时注入一滴水，难时拥有太平洋。"主动工作的人，在未来的工作中会获得许多人的帮助，可以使职场新人拥有更多的朋友，获得更多的发展机会，成长得更快。

【案例8】

2010年8月，家住北碚的何柳，刚刚从大学畜牧兽医专业毕业不久，准备开始自己的创业之路。四处考察后，她在开府镇工农村所属山林中，发现了一片面积约150亩的废弃茶园。经过谈判，她以每年仅400元的象征性租赁价格，与村委会签订了一份期限10年的租约。何柳决定，在这片废弃茶园建一个生态养殖场。她将这个养殖场命名为"理想"，因为这里寄托着她的梦想和希望。

何柳从当地村民手中低价买进了一批病羊，由于何柳当过宠物医生、跑过饲料销售，她认为跟动物打交道才是她最热爱、最值得一生追求的事业。所以在她的科学养殖下，她的羊群健康发育。到2011年底，她的羊获利5万元。2012年她的羊增多5倍，收益更丰厚。

【点评】创业之路充满艰辛，多数情况下是创业者既当老板又当员工，既要动脑又要动手。因此，对创业者来说，除了热爱自己经营的事业，还要熟悉自己经营的事业，有的项目还要达到非常熟悉的程度。有人就是用自己擅长的技术创下了辉煌的事业。像案例中的何柳从大学畜牧兽医专业毕业，不但懂得动物养殖理论，而且还熟悉技术操作，两相结合，相得益彰。相反，有些创业者创业选择的项目并不是自己熟悉的，甚至是完全陌生的，纯粹是看着别人经营该项目赚钱了，也紧跟上来，把自己置于一个未知的领域，最后把老本都赔了进去。因此，对大学生创业者，我们建议：创业伊始，最好从事自己熟悉的项目。

【案例9】

西点军校，没有借口

格兰特是美国历史上第一位从美国军事院校（西点军校）毕业的军人总统。他在美国南北战争中屡建奇功，有"常胜将军"之称。

有一次，他到西点军校视察，一名学生问格兰特："总统先生，请问是什么精神使你勇往直前？""没有任何借口。"格兰特回答。"如果你在战争中打了败仗，你必须为自己的失败找一个借口时，你怎么做？""我唯一的借口就是：没有任何借口。"

200年以来，"没有任何借口"已经成为西点军校的精神之源，而且这一口号更是被西点人不断发扬光大，不断赋予新的内涵。

【点评】完美地执行，意味着没有任何借口可以作为我们失败的挡箭牌。不断抱怨不会让情况有任何好转，只有我们主动地去改变它，一切才有可能按照我们的意愿运作起来。

【案例10】

20世纪中期，美国一个大城市曾塑有一座巨大的铜质女神雕像。当地许多居民都以拥有这座雕像而为自己的城市自豪。但是随着政府城市重新规划的实施，这座雕像不得不接受被推倒的厄运。为此当地许多人都为此深深叹息，他们为以后再也看不见这座雕像而感到伤感，似乎这座雕像就是他们的精神寄托。

而一位在当地上学的大学生，敏锐地发现了这里面蕴藏的巨大商机。他四处筹钱，从政府手里，以非常低廉的价格购买下了雕像残骸。然后这名大学生租用了一家冶炼厂的车间。他将雕像上的废铜烂铁重新入炉，制作出一个个和原来雕像一模一样的小雕像进行兜售。而且还利用雕像上面的铜，制作出了一套女神雕像纪念币发行。为了增加销售效果，这位大学生打出广告："您花上一点点的钱，买下一座小雕像，就能将女神永远留在您的家里。购买一套纪念币，就能将您曾经的美好回忆永远保存。"果然，这样的宣传方法确实起到了巨大的效果，短短的三个月，小雕像和纪念币被当地人抢购一空，而这位大学生也因此狠狠地赚了一笔。

【点评】从"变化"中把握机会。但凡市场结构和需求发生重大变化时，必然就会产生一些市场空白。而这些市场空白就是可利用的最佳的创业机会。世界著名的管理大师彼得·德鲁客曾经说过，"成功的创业者，就是那些善于在市场上寻找变化，并能随着这种变化作出及时积极回应的投资人"。这种变化或许来自国家政策的调整，也或许来自某行业的结构调整，市场重新整合，带给我们诸多创业机会。

【案例11】

期望值过高

08届毕业生小王来自云南罗平，直到当年3月份他还未落实工作单位。参加国家医药管理局的供需见面协调会时，刚好罗平有一家制药厂要他，专业对口，又是家乡的企业，然而他本人的择业意向却是：单位地点必须在昆明市，至于到昆明的什么单位，具体做什么工作都无关紧要，除此以外，什么单位都不考虑。在这种心态下，结果自然难以如愿。

【点评】小王的思想在当前毕业生的择业过程中具有一定的代表性。不少毕业生过于向往经济发达地区，尤其是沿海地区的中心城市，最低的期望也是回自己家乡所在地的中心城市。他们只注重经济文化发达、工作环境优越的一面，而忽视了人才济济、相对过剩的一面，择业期望值居高不下，甚至还有逐年上升的趋势，从而导致主观愿望与现实需求之间的巨大落差。像小王这样过分看重单位所在地的毕业生不在少数。根据有人对某校98届毕业生的抽样问卷调查，在衡量单位是否符合自己的标准时，有92%的毕业生要选择效益好、工资高的单位，超过85%的毕业生要求单位地处大中城市，愿意到急需人才的边远地区和艰苦行业的毕业生仅占2%。

【案例 12】

自主择业能力差

在学校某年 3 月份举办的小型招聘会上,毕业生小李的父母亲在招聘会尚未开始时,就早早地到会场打听单位的情况。招聘会开始很久以后,小李才姗姗来迟,并由家长陪同前往用人单位展位前面谈。在面谈过程中,小李发言的时间还没有其父母多,结果谈了一家又一家,最终仍一无所获。

【点评】小李的问题出在择业过程中过分依赖他人。其实,依赖他人是难以选择到一份满意的工作的。现在的毕业生中,独生子女所占的比例越来越大,他们的生活一帆风顺,没有经历过什么波折,再加上父母的过分呵护,客观上也培养了他们的依赖心理。这些毕业生大多缺乏主见,自我意识模糊,在择业中常会茫然不知所措,自己独立进行择业决策的能力差,以致在人才市场上,父母代替子女、亲友代替本人与用人单位洽谈的场面屡见不鲜。难怪有用人单位对依赖性过强的毕业生说:"你本人都要靠别人来推销,企业还能靠你来推销产品吗?"

【案例 13】

信心不足,缺乏主动

毕业生小刘学习成绩和其他方面条件都不错,在就业的初期满怀信心。但由于专业冷门等原因,找过几家单位都碰了壁,结果产生了自卑感,在后来的择业过程中表现越来越差,陷入恶性循环而不能自拔,以至于到了新的用人单位,只能被动地问人家:"学某某专业的要不要?"其他什么话都不敢讲,最终未能落实就业单位。

【点评】小刘的失败是由于自卑心理在作怪。在择业遭受挫折后,一蹶不振,对自己评价过低,丧失了应有的自信心,择业时缺乏主动争取和利用机遇的心理准备,不敢主动、大胆地与用人单位交谈,也就不能很好地表达自己。越是躲躲闪闪、胆小、畏缩,越不容易获得用人单位的好感。这种心理严重妨碍了一部分毕业生正常的就业竞争,使得那些原本在某些方面比较出色的毕业生也陷入"不战自败"的困惑。

【案例 14】

自负而失败

毕业生小 D 口才不错,在与用人单位代表面谈时自我感觉良好。一番海阔天空的高谈阔论以后,当对方问他的个人爱好是什么时,他竟得意洋洋地宣称是"游山玩水",结果被用人单位毫不犹豫地拒之门外。

点评:小 D 的失败是典型的自负心理造成的。自负在心理学上是指过高地估计个人的能力,从而失去自知之明。在这种心理的支配下,不少毕业生在求职择业过程中,总是自以为是;自负自傲,自以为自己什么都懂,什么都会,夸夸其谈,胡吹海侃,结果留给用人单位的是浮躁、不踏实的印象。试想,有哪家单位肯要一个不知天高地厚、自命不凡、眼高手低的毕业生呢?

【案例 15】

要求苛刻令单位无法接受

某名校毕业生与某集团公司经过双选、面试考核，终于进入签约阶段，协议书首先由毕业生本人签署应聘意见，该生在"应聘意见"一栏中写下了以下 6 条要求：从事财会工作；每日八小时工作制；解决户口，提供单身住房；公积金、劳动保险、养老保险等相关支出均由单位提供；每半年调一次薪水；公司不限制个人发展。单位鉴于以上条件不能完全答应，将协议书退回，并建议修改后再签订。最终，该毕业生因坚持自己的意见而未能被录用。

【点评】 该毕业生未被上述单位录用，其根本原因在于所提要求过于苛刻。比如，每半年调一次薪水，这种要求恐怕任何单位都无法答应。又比如"公司不限制个人发展"一条，从毕业生角度来看，提出这样的要求可以理解，但从用人单位来讲，在不影响正常工作的前提下，我们鼓励个人提高自身素质，但如果服务期内想考研就考研，不受单位任何约束，单位肯定是不能答应的。尽管这位同学各方面条件都不错，但这种苛刻的条件用人单位是无法接受的。

【案例 16】

就业协议有约束，签订须谨慎

2009 年，作为北方某名牌高校的一名应届毕业研究生，小峰从激烈的竞争中脱颖而出，被某知名公司录取。此时，小峰发现还有一家发展前景更好的单位也在招聘，于是他匆匆和这家公司签订了就业协议书后又应聘了那家更有前景的单位。他认为反正就业协议不是劳动合同，对自己没有约束力。当小峰兴冲冲地跑到原来签订就业协议的公司请求解除就业协议时，该公司告知小峰，解除就业协议可以，但小峰必须按照就业协议的约定向公司交付违约金。面对不菲的违约金，初出校门的小峰真为自己法律意识的缺乏懊悔不已。

【点评】 毕业生就业协议与劳动合同确实不一样。学生签订毕业生就业协议的时候，仍属于在校学生的身份，学生和招聘单位之间的关系还不是劳动法意义上的劳动关系，但这并不意味着就业协议就没有约束力。事实上，作为一般民事协议，毕业生就业协议虽然不受《劳动法》调整，但却属于《民法通则》的调整范围，在平等、自愿等基础上建立起来的毕业生就业协议受法律保护，任何一方无正当理由任意违反都要承担相应的违约责任。因此，大学生在决定签署就业协议前，要认真对待就业协议的约定，特别是其中的违约条款，以免造成损失。与此同时，学校作为学生就业协议三方中的一方，应正确看待学生的违约行为。在目前的毕业生就业实践中，部分院校出于学校声誉等方面的考虑，一般不希望学生在签订三方协议后违约，有的学校甚至规定不得违约或者违约后将不再给学生新的三方协议。学校的这种做法，在目前严峻的就业形势下，应该有一定的道理。但人才的自由流动是市场经济的常态，也是一个学生作为公民所应该具备的人权之一。对于事关学生职业生涯发展的就业问题，学校应给予更宽松的选择空间。当然，主张学校应该给学生更宽松的就业选择空间，不等于鼓励学生随意违反三方协议。毕竟违约行为是要承担相应责任的。因此，毕业生在签订三方协议前要三思而行。此外，用人单位以过高的违约金方式变相强行留住人才的做法也是不能得到法律支持的，对三方协议违约金的约定，各地可能有不同的规定，但是对其上限作出规定则无异议，对违约金的约定应在合理的范围内。

【案例 17】

一个专科生的化茧成蝶之路

张宇，是一位怀揣梦想从大山走出来的乡下女孩。2010 年考入辽宁林业职业技术学院。2013 年参加辽宁省专升本考试，考入沈阳农业大学。2015 年参加全国研究生入学考试，成功考入北京林业大学。

2010 年的高考，她考进辽宁林业职业技术学院，当时感觉是个专科，心里一直很失落。开学后在与职业生涯规划老师沟通后，老师与她进行了详细交流，和她一起进行了大学三年的职业生涯设计。同时明白了专科虽然起点低，但重要的是锻炼能力，大学三年，不仅要继续学习专业知识，还要拼命地锻炼能力。同时三年后自己还可以重新进行选择，可以参加专升本考试，圆自己一个大学本科梦。

做好职业规划之后，她找到了自己大学三年的向上动力，她相信：知识改变命运！学习上，她认真刻苦，经常与老师进行沟通交流，学好专业课知识；课余时间积极参加学校组织的各类文体活动，虽未样样拔得头筹，但都力争上游。先后荣获国家励志奖学金、国家一等助学金、校优秀学生干部，先后策划了新生军校联合晚会、感动林职院晚会、社团之夜等活动，参加全国林科创业大赛并荣获全国林科大学生创业大赛优胜奖殊荣；在生活中，她节俭朴实，热爱参加各种大学生志愿者活动和社会实践活动，并且利用假期，从事各种兼职以解决学费和生活费用。

2013 年她参加辽宁省专升本入学考试，通过努力与坚持，她最终以优异的成绩考入沈阳农业大学。本科期间，她成绩优异，先后荣获国家励志奖学金、国家一等助学金。在这一阶段的学习中，无论在理论与实践方面都得到了进一步的巩固和加强。

2015 年本科即将毕业的她，选择了继续深造。求学之路艰辛而曲折。图书馆、教室、操场，随处都可见奋斗中的她捧着书本认真学习的场景。功夫不负有心人，她成功考取北京林业大学研究生。

生命不息，奋斗不止！其实人生没有什么是跨越不过去的阻碍，即便一时的失意也不能磨灭要赢的决心！在专科的求学之路上，她已毕业；在人生道路的另一个舞台上，她刚刚入学。因为年轻，所以一直在路上；因为有梦，所以一直向前方！

【点评】 一个专科生，因为一时高考的失意，没有进入本科，但在专科的校园里没有自暴自弃，怨天尤人。而是积极面对，及时调整了自己的心态，摆正自己的位置，坦然面对现实。在三年的大学生活中阳光乐观向上，有规划不盲目，有生活不单调，有信心不气馁。最后用专科的知识与内涵成功考取了研究生，因为坚持，所以在三年中有所收获；因为追求，所以在人生中不断成长；因为理想，所以未来一定美丽精彩。

【案例 18】

把心径扩大 1 毫米

有一家牙膏厂，产品优良，包装精美，受到顾客的喜爱，营业额连续 10 年递增，每年的增长率在10%～20%。可到了第11年，业绩停滞下来，以后两年也如此。公司经理召开高级会议，商讨对策。会议中，公司总裁许诺说：谁能想出解决问题的办法，让公司的业绩增长，重奖10万元。有位年轻经理站起来，递给总裁一张纸条，总裁看完后，马上签了一张10万元的支票给了这位经理。那张纸条上写着：将现在牙膏开口扩大1毫米。消费者每天早晨挤出同样长度的牙膏，开口扩大了1毫米，每个消费者就多用1毫米宽的牙膏，每天的消费量将多出多少呢！

公司立即更改包装，第14年，公司的营业额增加了32%。

【点评】 面对生活中的变化，我们常常习惯于过去的思维方法。其实只要我们把心径扩大1毫米，我们就会看到生活中的变化都有它积极的一面，充满了机遇和挑战。

【案例19】

积极主动地推销自己

2000年1月27日，在福州举行的2000年福建省大中专毕业生供需见面会上，一位应届毕业生自租摊位，打出了"谁聘我，年薪10万！"的广告语，从而成为当年最轰动的新闻之一。

这个学生名叫杨少锋，福州大学2000届市场营销专业毕业生。当他做出如此惊人之举后，全国各大媒体争相报道，很快，杨少锋便成了风云人物。随之，数十家知名企业的老总向他抛出了橄榄枝，一位求贤似渴的女企业家对他说，只要加盟她的公司，不仅可以给他10万元年薪，而且还可以给他配备小汽车。

杨少锋最终用自身的实力证明了年薪10万元并不是自己的诳语，而是自己实实在在价值的体现。2002年，24岁的杨少锋挑战麦肯锡，把这个世界知名专业咨询公司为中国联通所做的CDMA推广方案全盘推翻，从而创造了月销售7000万元的神奇纪录。2003年的时候，杨少锋的年薪已由10万元变成了100万元。那时，他的目标是35岁的时候成为中国一流企业家。

【点评】 在短短数年内，杨少锋取得如此骄人的成就，除了与自身能力有关外，其积极主动地"推销自我"功不可没。

一个人要想抓住转瞬即逝的机会，首先就要学会说服别人，向别人推荐自己，展示自己的观点。当然，在展示自己时，不要贬低别人，更不能忘记团队精神。

【案例20】

19世纪中期，大量美国人涌至西部地区，加入疯狂的淘金队伍。由于淘金是体力劳动，许多工人的裤子都被磨破了，尤其是膝盖部分磨得最厉害。李维·斯特劳斯见状后就想：如果能够制造一种耐磨的裤子一定会很受欢迎，而且这么多工人，也用不着担心卖不出去。

于是斯特劳斯把矿区的废旧帆布帐篷收集起来，洗干净后加工成裤子。果然不出所料，这种后来被称为"牛仔裤"的帆布裤很快被销售一空。慢慢地，牛仔裤的影响越来越大，最终在全世界流行开来，步入流行服装行列。

【点评】 一双敏锐的眼睛促使了牛仔裤的诞生，这并不算是奇迹，因为只要细心，每个人都可以发现新领域，创造新产品。创业机会无所不在，关键是要靠发掘和发现。

参考文献

[1] 劳动和社会保障部培训就业司，中国就业培训技术指导中心．就业技能的基础指导．北京：中国劳动社会保障出版社，2005.

[2] 辽宁省教育厅．高职高专生职业发展与就业创业概论．大连：大连理工大学出版社，2010.

[3] 刘伟力，陈森．大学生就业创业指导．沈阳：辽宁大学出版社，2015.

[4] 邵海峡，教育与就业指导．北京：清华大学出版社，2006.

[5] 王艺荣．求职与创业．北京：机械工业出版社，2006.

[6] 雷英，等．青年就业指南．宁波：宁波出版社，2003.

[7] 李明才．职业指导．北京：石油工业出版社，2006.

[8] 张海燕．职业辅导．上海：华东理工大学出版社，2005.

[9] 梁丽华．高职生就业指导．杭州：浙江大学出版社，2004.

[10] 何向荣．纵横职场——高等职业教育学生就业与创业指导．北京：高等教育出版社，2004.

[11] 张培德．就业与职业．上海：上海中医药大学出版社，2006.

[12] 陈荣，陈敏．职业生涯规划．上海：上海出版社，2005.

[13] 董文强，谭初春．大学生就业指导．西安：西北工业大学出版社，2004.

[14] 李法顺．大学生职业生涯规划．南京：东南大学出版社，2006.

[15] 张秋山，王宪明．大学生职业生涯规划实用教程．北京：人民出版社，2006.

[16] 康捷．高职生职业生涯规划指导．哈尔滨：哈尔滨工程大学出版社，2007.

[17] 张再生．职业生涯规划．天津：天津大学出版社，2007.

[18] 刘淑艳．大学生职业生涯规划与就业指导教程．北京：中国商务出版社，2007.

[19] 赵北平．大学生职业生涯规划教程．武汉：武汉理工大学出版社，2007.

[20] 胡建宏，刘雪梅．大学生职业生涯规划．北京：中国宇航出版社，2007.

[21] 瞿立新．职业生涯规划．上海：上海交通大学出版社，2007.

[22] 中国人力资源市场网．2014年第一季度全国部分省市人才服务机构市场供求情况分析报告．

[23] 辽宁省人民政府网站．2014年第一季度辽宁省人力资源市场供求状况分析及预测．